本书系教育部人文社会科学专项项目"提高国际话语权的内涵与路径研究"（19JD710062）资助

光明社科文库
GUANGMING DAILY PRESS:
A SOCIAL SCIENCE SERIES

·历史与文化书系·

话语、叙事与实践
新时代中国国际话语权的提升理路

林 岩 | 著

光明日报出版社

图书在版编目（CIP）数据

话语、叙事与实践：新时代中国国际话语权的提升理路 / 林岩著. -- 北京：光明日报出版社，2025.1.
ISBN 978-7-5194-8431-6

Ⅰ.D820

中国国家版本馆 CIP 数据核字第 20256MK565 号

话语、叙事与实践：新时代中国国际话语权的提升理路
HUAYU、XUSHI YU SHIJIAN: XINSHIDAI ZHONGGUO GUOJI HUAYUQUAN DE TISHENG LILU

著　　者：林　岩	
责任编辑：杨　茹	责任校对：杨　娜　温美静
封面设计：中联华文	责任印制：曹　净

出版发行：光明日报出版社
地　　址：北京市西城区永安路 106 号，100050
电　　话：010-63169890（咨询），010-63131930（邮购）
传　　真：010-63131930
网　　址：http://book.gmw.cn
E – mail：gmrbcbs@gmw.cn
法律顾问：北京市兰台律师事务所龚柳方律师

印　　刷：三河市华东印刷有限公司
装　　订：三河市华东印刷有限公司

本书如有破损、缺页、装订错误，请与本社联系调换，电话：010-63131930

开　　本：170mm × 240mm	
字　　数：128 千字	印　　张：12.5
版　　次：2025 年 1 月第 1 版	印　　次：2025 年 1 月第 1 次印刷
书　　号：ISBN 978-7-5194-8431-6	
定　　价：85.00 元	

版权所有　　翻印必究

目 录
CONTENTS

第一章 提升中国国际话语权的时代背景、价值意蕴与现实挑战 …… 1
    第一节 提升中国国际话语权的时代背景 …………… 2
    第二节 新时代提升国际话语权的中国价值 ………… 9
    第三节 提升中国国际话语权的现实挑战与主要问题 … 14

第二章 提升中国国际话语权的生成逻辑 …………… 32
    第一节 提升国际话语权的历史逻辑：中国社会主义外交经验的深刻总结 ………… 32
    第二节 提升国际话语权的理论逻辑：马克思主义基本理论的继承和发展 ………… 39
    第三节 提升国际话语权的实践逻辑：新时代历史方位下实现中华民族伟大复兴的内在要求 …… 50

第三章 提升中国国际话语权的内涵、目标与结构 …… 58
    第一节 国际话语权的内涵 ………………………… 58
    第二节 提升国际话语权的原则要求与发展方向 …… 63
    第三节 中国提升国际话语权的结构 ……………… 70

第四章 提升中国国际话语权的话语之维：以内涵式提升夯实基石 …… 78

第一节 "讲好中国故事"：提高国际话语权的内涵要义 …… 79

第二节 加强话语体系建设：新时代国际话语权的内涵提升 …… 83

第三节 新时代提升国际话语权的话语路径 …… 95

第五章 提升中国国际话语权的叙事之维：提高国际话语权的叙事能效 …… 117

第一节 叙事主题聚焦：道路·理论·制度·文化 …… 119

第二节 叙事策略创新 …… 141

第三节 叙事的全球建构：提升国际传播效能 …… 146

第六章 提升中国国际话语权的实践之维：夯实国际话语权的坚实基础 …… 149

第一节 中国式现代化发展提供的实践基础 …… 150

第二节 "一带一路"建设提升国际话语权的实践探索 …… 171

第三节 积极参与全球治理，助力话语权的提升 …… 175

参考文献 …… 186

第一章

提升中国国际话语权的时代背景、价值意蕴与现实挑战

当今世界正发生广泛而深刻的变化，人类面临一系列全球性风险和问题。以习近平同志为核心的党中央提出了构建人类命运共同体，体现了中国在推动构建更加合理公正的国际新秩序、推动全球治理体系转型方面的大国担当，为世界和平发展提供了中国方案。中国以其理论自觉和实践担当为世界提供了引导中国与世界良性互动的模式和经验，人类命运共同体的提出为提升中国的国际话语权提供了理论先导和价值建构。持久和平是全人类的共同福祉，特别是经济全球化深入发展的今天，各国经济联系的紧密性、依存度大大加深，更需要和平发展的国际环境和合作氛围。政治格局多极化一方面为持久和平提供了可能，另一方面也对世界和平提出了更高期待和更多要求。

第一节　提升中国国际话语权的时代背景

一、百年未有之大变局下全球治理体系正经历深刻变革

随着中国入世，参与全球治理，其他新兴市场的崛起，国际形势和国际格局发生深刻变化。2014年8月，习近平总书记在中央政治局第十七次集体学习时明确提出了"大变局"，总结概括了十八大以来国际力量、世界格局变化的基本趋势，他强调："国际形势正处在新的转折点上，各种战略力量加快分化组合，国际体系进入了加速演变和深刻调整的时期。"① 2015年9月，习近平总书记在第七十届联合国大会一般性辩论时指出："世界格局正处在一个加快演变的历史性进程之中。和平、发展、进步的阳光足以穿透战争、贫穷、落后的阴霾。世界多极化进一步发展，新兴市场国家和发展中国家崛起已经成为不可阻挡的历史潮流。"② 以习近平同志为主要代表的中国共产党人对国际形势作出了"百年未有之大变局"的判断，为准确把握新时代世界格局的变化提供了战略指导。

当今世界正经历百年未有之大变局，国际秩序发生深刻变

---

① 习近平在中共中央政治局第十七次集体学习时强调：准确把握世界军事发展新趋势 与时俱进大力推进军事创新 [N]. 人民日报, 2014-08-31（1）.
② 习近平. 习近平谈治国理政：第2卷 [M]. 北京：外文出版社, 2017：522.

革，国际环境日趋复杂，大国之间的竞争和对抗升级，国际体系深度调整，国际治理格局正经历着巨大变革，国际局势更加复杂多变。疫情突发暴露了全球治理体系的突出问题，西方国家制造话语陷阱，意图消解中国等新兴国家国际话语权的行为更为频繁，给群体崛起的发展中国家提出了更为紧迫的提升话语权课题。与此同时，中国等新兴市场经济国家的崛起以及美西方的历史性衰落，给全球话语格局变革带来契机。在"西强我弱"的世界舆论格局下，打破西方话语体系妖魔化中国发展的"话语霸权"，传播中国和平发展道路理念，推进这一道路进程，需要中国在全球的响亮发声，提高国际话语权是中国发声并能正确发声的前提和基础，是对我国和平外交发展道路的重大理论和实践创新，有利于开拓我国外交新格局和外交工作新面貌。

当今，随着世界政治多极化、经济全球化和全球信息化的深入发展，国际话语权作为国家文化软实力的重要组成部分，俨然已成为国家战略竞争和博弈的重要战场。在世界政治、经济、文化、社会发生深刻变动的时代背景下，话语权是任何一个国家争取生存发展空间、减小国家之间利益冲突的基本途径。此外，人类命运共同体倡导坚持交流互鉴，建成开放包容的世界。世界是个多样性的存在，不同民族国家形成了各具特色的文明文化，只有秉承"各美其美，美人之美"的共识，才能增进理解和达成共识，人类才有可能迈向世界历史性的、高水准的命运共同体。国际话语权是人类迈向命运共同体的重要前提，只有拥有并不断提升国家的国际话语权，形成一个世界各文明主体相互尊重和协商发展的世界历史普遍交往氛围，人类才有可能达成"美美与共，天下大同"，建立起真正意义上的人类命运共同体。

二、走和平发展道路的中国式现代化的内在要求

二十大报告提出了中国式现代化的五大特征，其中之一就是走和平发展道路的现代化，向世界声明中国发展的道路：不同于一些国家通过战争、殖民、掠夺等方式实现现代化的老路，中国式现代化坚持走和平发展道路，要在坚定维护世界和平与发展中谋求自身发展，又以自身发展更好地维护世界和平与发展。从历史逻辑看，现代化本身发生于西方世界，是西方现代性知识体系、生产方式与制度模式历经"古今之变"而自我塑造成的文明新形态，并在殖民化和全球化语境下成为非西方国家与民族对标、模仿的对象，由此形成现代化的二分法：西方是标准，非西方是模仿。西方现代化在世界体系与全球治理层面的制度化与霸权规范，形成了以美国为首的西方国家现代化话语霸权及其影响下的现代化体系，一切以西方现代化标准为依据，以美国为首的西方国家认可和接纳为准则，这一体系对非西方国家的现代化及公平合理的国际秩序的形成造成了严重的压制和扭曲。众所周知，每个国家有每个国家的实际，由于历史发展和现实选择的影响，会形成不同的现代化道路。在西方国家有色眼镜下，非西方国家的现代化道路在西方话语和西方标准下就失去了合法性，在西方国家鼓吹的"历史终结论"话语下，形成了否定人类文明多样性及现代化道路多元性的理论逻辑。中国式现代化是中国共产

党人在近代中国探寻国家民族出路中形成和发展起来的,现在已经形成了较为完整的观念与制度体系,[①]它以中国经验、中国智慧、中国方案的方式展现于世界,是对人类文明多样性和现代化道路多元性的肯定与证明,成为非西方国家探索与追求现代化新路的榜样及范例,亟须突破"美国至上论"和"历史终结论"对现代化的真理垄断与制度垄断。中国式现代化秉有人类现代化的共性及中国现代化的个性,是以和平发展为核心价值、可与各国及不同文明体系兼容的现代化。它秉承了和平发展、协和万邦、世界大同等中国文化根基和内在价值与制度元素,又吸纳了世界现代化的优秀因子,超越了一元论和征服性的西方现代化模式。1945年,基于西方现代化基础的联合国秩序的规范开始建构,主要限于西方体系内部的相互承认、分享与保护,因其内含的冲突基因和苦难化的实践后果"给广大发展中国家人民带来深重苦难"[②],迄今没有根本改变。因此,全球治理体系变革下推动形成更为公平合理的治理格局,突破世界现有"西强我弱"话语体系,召唤中国国际话语权的提升,让世界更好更全面地了解中国,既是中国式现代化走和平发展道路的内在要求,是推动构建人类命运共同体的实践需要,也是中国式现代化优于西方式现代化话语建构和话语认同的现实逻辑。

[①] 洪向华,李梦珂.中国式现代化的历史演进、鲜明特质与实践遵循[J].治理现代化研究,2023,39(1):41-48.

[②] 习近平.高举中国特色社会主义伟大旗帜 为全面建设社会主义现代化国家而团结奋斗:在中国共产党第二十次全国代表大会上的报告[M].北京:人民出版社,2022:23.

党的十八大以来，党中央关于中国与世界关系的理论创新取得重大突破和发展，形成中国特色大国外交理论体系。其重要特点之一在于丰富和发展了和平发展的战略思想，在深化六个坚持的基础上深化和升华了和平共处五项原则，"走和平发展道路，是中国对国际社会关注中国发展走向的回应，更是中国人民对实现自身发展目标的自信和自觉"① "中国将始终不渝走和平发展道路，不会走'国强必霸'的老路"② "不接受'国强必霸'的逻辑"③ "中国真诚希望其他国家都走和平发展道路，大家携手把这条路走稳走好"④。在实践中坚持以维护世界和平、促进共同发展为宗旨推动构建人类命运共同体，坚持以相互尊重、合作共赢为基础走和平发展道路，为推动全球治理体系变革做出新贡献。可以看出，中国是现代化的另一个"榜样"，与中国提出的人类命运共同体的世界体系理想相结合，与"一带一路"倡议及建设相呼应，从根本上超越了具有霸权地位和一元论意识形态地位的西方模式，并因此为其所不容，引起焦虑遏制和新冷战回应及对华政策结构性转变。改革开放40多年来，中国在国际舞台上频频发声，体现了大国责任和大国担当，有效地提升了中国国际话语权。中国以自己的实际行动为世界和平与发展做出不懈的努力，

---

① 中共中央党史和文献研究院. 习近平关于中国特色大国外交论述摘编［M］. 北京：中央文献出版社，2020：120.
② 2017年11月30日，习近平会见"2017从都国际论坛"外方嘉宾时的讲话.
③ 中共中央党史和文献研究院. 习近平关于中国特色大国外交论述摘编［M］. 北京：中央文献出版社，2020：134.
④ 弘扬和平共处五项原则 建设合作共赢美好世界：在和平共处五项原则发表60周年纪念大会上的讲话［N］. 人民日报，2014-06-29（2）.

也获得了各国的认同、支持和期待。但对未来进程的风险环境必须有清晰研判和应对，如知识不足与安全环境不稳定的重大挑战，来自美西方的对冲和破坏，是中国式现代化进程需要承担的时代课题。提高中国国际话语权是新的时代使命下对新的挑战的战略应对和话语自觉，是中国走和平发展道路的中国式现代化的必然要求，是中国特色大国外交的历史选择，对推动国际关系民主化，维护世界和平稳定，增进人类共同利益具有重要的理论价值和实践意义。

三、实现中华民族伟大复兴的使命使然

以实现中华民族伟大复兴为使命推进中国特色大国外交是新时代中国外交工作的重要战略。"做好外交工作，胸中要装着国内国际两个大局，国内大局就是'两个一百年'奋斗目标，实现中华民族伟大复兴的中国梦；国际大局就是为我国改革发展稳定争取良好外部条件，维护国家主权、安全、发展利益，维护世界和平稳定、促进共同发展。"[1]"我国已经进入了实现中华民族伟大复兴的关键阶段。中国与世界的关系在发生深刻变化。我们观察和规划改革发展，必须统筹考虑和综合运用国际国内两个市场、国际国内两种资源、国际国内两类规划。"[2]随着经济全球化的深入和我国对外开放基本国策的深化，中国与世界的关联与连接越

---

[1] 中共中央党史和文献研究院. 习近平关于中国特色大国外交论述摘编［M］. 北京：中央文献出版社，2020：17.

[2] 共建"一带一路"战略开创我国全方位对外开放新格局［J］. 求是，2015（5）：3-4.

来越紧密，中国的发展离不开世界，世界的繁荣也需要中国。"中国坚持走和平发展互利共赢的道路，中国经济发展对世界是利好消息。中国越发展，对亚洲和世界和平与发展越有利。"[①]同时坚持独立自主的和平外交方针，坚持把国家和民族发展放在自己力量的基点上，坚定不移走自己的路，坚持世界的命运必须由各国人民共同掌握，维护国际公平正义。

积极推动构建人类命运共同体，携手各国共创人类美好未来是我国外交工作的基本战略。中国坚持与世界各国命运与共，把自身发展置于人类发展坐标系中，始终把中国人民利益同世界各国人民共同利益结合起来。中国共产党历来重视对外传播工作，在国内实现中华民族伟大复兴的关键时刻，习近平总书记提出了构建人类命运共同体的理念，既具有鲜明的中国特色，又蕴含全人类共同价值，二十大将推动构建人类命运共同体明确为中国式现代化的本质要求之一，强调构建人类命运共同体回应了"时代之问""世界之问"，是关乎人类前途命运的重要选择，为世界和平发展提供了中国方案。构建人类命运共同体需要提升中国国际话语权，塑造新时代中国新形象，为中国在百年未有之大变局下把握时机，实现中华民族伟大复兴的中国梦提供良好的国际环境和发展空间，为推动将历史发展的主动权牢牢掌握在全世界爱好和平、共谋发展的人们手中提供理论支撑和路径指导。

---

① 中共中央党史和文献研究院. 习近平关于中国特色大国外交论述摘编[M]. 北京：中央文献出版社，2020：17.

四、新时代中国特色社会主义话语提升的现实诉求

中国特色社会主义进入新时代,面临着众多新课题新挑战,在国际局势更加复杂多变的背景下,提升中国特色社会主义的话语权,维护中国意识形态安全成为国际形势风云变幻下应对西方话语霸凌的重要战略。改革开放40多年来,中国特色社会主义事业发展取得巨大成就,综合国力位居世界第二,人民生活质量和生活水平有了很大提升。十八大以来,党和国家事业取得历史性成就,发生历史性变革,继全面建成小康社会后,在向第二个百年奋斗目标奋进中,经济实力、科技实力、综合国力跃上大台阶,中国特色社会主义继续书写成绩斐然的发展奇迹,所有这些,给讲好中国故事提供了丰厚素材和广阔空间。但是故事虽好还须会讲,目前中国在国际话语上的问题还存在有理说不出、说了传不开的被动境地,挨骂现象还大量存在。因此,讲好中国故事,向世界展现一个真实、立体、全面的中国,是中国特色社会主义发展的内在诉求,是中国特色大国外交的根本使命。

第二节 新时代提升国际话语权的中国价值

一、中国特色社会主义进入新时代历史方位的新要求

"强起来"是中国特色社会主义进入新时代的逻辑主线,蕴

涵着丰富的理论内涵和实践要求。提高国际话语权是中国共产党人以强"话语"为主题对中华民族开启"强起来"的历史征程的理论创新与实践探求。立足中国"强起来"的历史方位，从高处着眼，从实处着手，围绕如何将我国发展优势和综合实力转化为话语优势的问题，将国际话语权与我国互利共赢的外交战略紧密结合，通过提升与中国大国地位相应的国际话语权，为中华民族实现由"富起来"到"强起来"的转化提供了理论准备和实践路径。习近平总书记关于提高国际话语权的重要论述，以塑造四个"大国形象"为主要着力点，主张通过多方位努力，从"舌尖上的中国""学术中的中国""理论中的中国""哲学社会科学中的中国"多领域着手，综合提升中国在全球治理中的影响力，彰显了中华民族"强起来"的理论诉求和实践探索；从提高国际话语权的战略定位、战略主体、战略重点、战略方法、战略机遇等方面进行战略谋划，结合新时代、新使命、新危机、新矛盾提出战略部署和应对策略路径，为新形势下中国特色大国外交指明前进方向，提供重要遵循，对于推进国际传播能力建设，增强中国特色社会主义的世界认同具有积极的现实意义。

二、新时代坚持走和平发展道路，突破西方话语霸权新考验的现实需求

中华民族历来是爱好和平的民族。我国传统文化中蕴含着丰富的和合思想，"亲仁善邻""讲信修睦"等深植于历史文化中的和合观念深入人心，"天人合一""以和为贵""协和邦国"作为

中国历史文化的精髓和底蕴，构成了中华民族血脉深处的价值规范和价值选择，培育了中华民族热爱和平、宽厚包容、不尚暴力的民族品格，形成了团结统一、爱好和平、勤劳勇敢、自强不息的民族心理。5000多年的文明积淀，和平、和睦、和谐的坚守与追求深深植入中华民族的精神世界。但是近代，随着列强入侵，改变了中国的发展轨迹。消除战争，实现和平成为近代中国人民最迫切最深厚的愿望。因为经历战乱，经历了落后和屈辱，中国人对和平更加珍爱，对发展无比渴望，对复兴不懈追求，独立之后走向新生的中国在开创中国式现代化历史进程中走上了和平发展道路。和平犹如空气和阳光，受益而不觉，失之则难存。中国始终做世界和平的建设者，全球发展的贡献者，国际秩序的维护者，公共产品的提供者。历史发展逻辑表明，中国走和平发展道路符合当前世界发展的潮流，是中国的发展利益所系，是世界前途命运所系，是中国共产党基于自身国情、社会制度和文化传统，对世界历史发展规律准确把握基础上做出的符合世界各国利益的重大抉择。中国和平发展道路是在维护自己正当权益前提下的坚持，有其原则和底线，各国都坚持和平发展才会有共同发展。这种发展道路打破了"国强必霸"的工业化进程中国家崛起的老路，向世界昭告中国发展带给世界的是机遇，不是西方国家话语中的威胁和恐惧。中国式现代化道路有别于西方现代化道路。但是，现代化肇始于西方，西方国家凭着一己之力开创了西方式现代化模式，在300年时间内实现了3亿人口的现代化，这不能不说是一个巨大进步。但是问题在于，西方以此优势把控世界话语权，形成的西方话语霸权也如影随形，相伴而来。在西方话语中，将西方现代化作为现代化的唯一模板和标准，形成了强权政治和国强必霸的思维模式，认为国家的强大必然伴随着侵略掠夺，这种话语霸权对中国的发展形成了极为不利的话语窘境。近年来，随着西方金融危机的爆发及后续影响，贸易摩擦不断升级，这种威胁论甚嚣尘上，严重阻碍着中国与世界的贸易往来和文化交流，提升国家话语权，讲好中国故事，把真实的中国声音传播出去，就尤为必要。"我们过去没有，今后也不会侵略欺负他人，不会称王称霸"[①]，今天，在推进中国式现代化道路上我们坚持走和平发展道路、合作共赢之路，追求全人类共同发展，摒弃了以剥削和侵略为特征的西方现代化老路，为世界提供了人类现代化新模式。中国的和平发展道路已经得到国际社会的普遍认同，中国将自身现代化置于世界百年未有之大变局中探索，必将很好地回答新时代的世界之问、历史之问、时代之问，在维护世界和平与发展中谋求自身发展，又以自身发展更好地维护世界和平与发展。世界必将看到走和平发展道路的中国式现代化，不仅将造福中国人民，也将造福世界人民，将对人类社会发展与进步做出更大贡献。

三、为塑造国家形象，提升国家文化软实力提供依托和支撑

近年来，文化软实力成为当今衡量一国综合国力的重要指

---

① 习近平出席第七十六届联合国大会一般性辩论并发表重要讲话[EB/OL]. 人民网，2021-09-22.

标。文化软实力是20世纪90年代美国学者约瑟夫·奈（Joseph Samuel Nye）首次提出并界定的，他在《注定领导世界：美国权力性质的变迁》中，将软实力界定为三方面，文化的吸引力，制度的吸引力，掌握国际话语权的能力。主张美国应加强软实力的建设，因为这将起到经济、军队、科技等硬实力达不到的威慑力和影响力，以维护美国日益衰落的霸权地位。随着软实力传播到世界各地，进入21世纪，软实力的建设引发高度关注和重视，如2007年2月28日，英国《卫报》刊发的一篇评论文章这样写道："当海伦·米伦在奥斯卡上挥舞起英国国旗的时候，她也是在为英国的全球影响力尽自己的一份力量。""莎士比亚的软实力和导弹的硬实力一样是现代世界的一部分。"对于软实力的重视可见一斑。软实力已成为综合国力和国际竞争力的重要组成部分，世界各主要大国都致力于自身软实力的打造和竞争。软实力的竞争被誉为没有硝烟的战场，隐于无声却日趋激烈。当代软实力的竞争不仅局限于文化领域的文化要素组成与配置及文化实力的较量，从更深层次看，软实力的竞争更关涉到国家意识形态层面的影响力和吸引力、国家精神的感召力及民族文化的认可度。早在十七大报告中，就提出了"文化越来越成为民族凝聚力和创造力的重要源泉、越来越成为综合国力竞争的重要因素""提高国家文化软实力"[①]的主张，十八大进一步提出"提高国家文化软实

---

① 胡锦涛.高举中国特色社会主义伟大旗帜 为夺取全面建成小康社会新胜利而奋斗：在中国共产党第十七次全国代表大会上的报告［N］.人民日报，2007-10-25（1）.

力的发展"战略,进入新时代,习近平将其定位于"提高国家文化软实力,不仅关系我国在世界文化格局中的定位,而且关系我国国际地位和国际影响力,关系'两个一百年'奋斗目标和中华民族伟大复兴中国梦的实现"①。提高国际话语权是文化软实力提升的内在要求和重要标识。国家文化软实力提升和国际话语权提升具有内在统一性,二者相互影响、相互促进,互动共生于中国特色社会主义发展的历史进程中。一方面,国际话语权占据文化软实力提升的战略制高点,国际话语权提升有助于提升中国影响力,推动中国文化价值和政治制度在全球范围内的传播和认同;另一方面,文化软实力的提升又夯实了国际话语权提升的基础,为中国发展优势、制度优势转变为话语优势,话语优势转化为传播效能提供了条件和可能。提升国际话语权要以文化软实力提升为基础,同时,话语权提升又为国家形象正确输出提供了前提条件,为增强中华文化吸引力、政治制度影响力提供了重要依托和支撑。

第三节 提升中国国际话语权的现实挑战与主要问题

当今,随着世界政治多极化、经济全球化和全球信息化的深

---

① 坚定文化自信,建设社会主义文化强国:学习《习近平关于社会主义文化建设论述摘编》[N]. 人民日报,2017-10-16(7).

入发展，国际话语权作为国家文化软实力的重要组成部分，俨然已成为国家战略竞争和博弈的重要战场。无论是处于国际政治舞台中央的大国，还是处于边缘位置的小国，甚至连原先被排除在国际政治游戏场之外的跨国公司、媒体和非政府组织等，都纷纷把谋求左右国际舆论的话语权作为自身发展的重要战略目标。从国际政治学的角度来看，国际话语权不仅是指一国在国际社会"说话"的权利资格，更是指其"说话"的影响力和有效程度。它主要涵盖了对国际议程的设置权，对国际事务、国际事件的定义权，对各种国际标准和游戏规则的制定权以及对是非曲直的裁判权等。从本质上来说，国际话语权之争归根结底是国家行为主体利益关系的博弈。掌握话语权的一方将利用自身话语优势，积极谋求将自己的特定利益和标准上升为国际社会普遍接受的一般准则，从而获得在国际关系中的优势地位和主动权。

一、国际话语格局变化及国际话语博弈现状

"我国国际话语权和影响力显著提升，同时也面临着新的形势和任务"[①]体现为国际环境日趋复杂，国际形势和国际互动的不稳定性、不确定性明显增强，大国之间的竞争和对抗升级，呈现出大发展、大变革、大调整特点，国际话语格局变革态势及国际话语博弈呈现出的时代特征，给我国国际话语权带来了新的机遇和挑战。

东欧剧变之后，两极格局逐渐演变成一超多强的国际格局。

---

① 习近平.习近平谈治国理政：第四卷[M].北京：外文出版社，2022：316.

随着新兴市场国家和发展中国家的兴起，一超虽强，但在国际事务和国际关系处理问题上却呈现出力不从心的势头，特别是2008年国际金融危机爆发以来，欧洲主权债务危机、中美贸易摩擦以及俄乌冲突等矛盾频发，国际形势变幻莫测，西方国家操控国际社会，在国际争端处理和国际秩序建构中体现和维护西方国家霸主地位的行径得到了越来越多国家的抵制和反对，新兴市场经济国家的崛起以及美西方的历史性衰落，给全球话语格局变革带来了契机。

  1.新兴经济体崛起成为改变国际话语权空间分配的重要力量。"二战"后形成的全球治理体系中，美西方国家居于主导性地位，慢慢形成了西强东弱的话语博弈格局。长期以来，西方国家把控着国际话语和传播渠道，行使话语霸权，打压社会主义国家和发展中国家，通过制造"文明冲突论""中国威胁论""大国冲突论"等论调，妖魔化非西方国家及其发展道路和发展模式，极力传播西方话语。2008年国际金融危机的发生，对西方国家主导的国际话语秩序造成较大的冲击。随着如中国、印度等发展中国家和新兴市场国家相继崛起，经济实力不断增强，与之而来的国际影响力不断上升，日渐成为国际社会的一支重要力量。这些新兴经济力量在发展中觉醒，采取诸多措施积极参与全球治理，以上海合作组织、金砖国家等为代表的一系列国际合作组织增强了新兴经济力量在国际事务中的话语权，并为全球话语格局的变革创造了积极条件，在一定程度上动摇了传统世界体系中心国的主导地位和西方霸权秩序的基础，成为全球话语权格局中的重要一极。

  2."西方之乱"和"中国之治"使国际话语格局加速变革。近些年来，西方社会内部各种历史性问题和现实性问题相互交织、层出不穷。"西方之乱"呈现出持续恶化、愈演愈烈之势，从话语角度看，其影响已超出本国国界，并对世界话语格局产生深刻影响。2017年发生的"英国脱欧"事件，2018年11月法国发生的"黄马甲"运动，俄乌冲突的爆发进一步激化了西方国家的内部矛盾，经济低迷、贫富差距拉大、社会不平等加剧、国家间分歧扩大等将西方社会深层矛盾暴露无遗，打破了美西方国家多年来自诩的民主、平等的神话，极大地削弱了西方国家的政治、经济和文化实力，加速了国际话语格局的变革。

  与之形成鲜明对比的是中国作为发展中大国，经历了改革开放40多年的发展，成就举世瞩目，创造了经济高速发展和社会长期稳定两大奇迹，在国际舞台上熠熠生辉，成为世界瞩目的焦点。在国际事务中，在贸易、地区发展、气候变化等问题上，中国的责任和担当让世界认知了一个大国崛起的影响。《南华早报》刊登马来西亚大学中国研究所副所长张添财的文章，提道："中国比其他任何国家都更坚决地捍卫多种发展道路的世界观……中国于2013年提出'一带一路'倡议，此后这一倡议扩大到几乎每个大洲"[①]。事实证明，中国的大型基础设施计划影响深远，带来了社会经济状况的提升，尤其是在全球南方。厄瓜多尔恩扎国际新闻社网站2022年10月12日报道，虽然西方在将中国定性为朋友

---

① 张添财.中国希望世界舞台上有自己的时刻［EB/OL］.南华早报，2022-10-12.

还是对手方面经历了起起伏伏，但对发展中国家来说，中国已经成为强大的贸易伙伴，不仅通过双边贸易，而且通过投资活动促进了经济增长。并认为中国目前的影响力使其成为以更大力量推动公平发展的领导者。《环球时报》旗下环球舆情调查中心2022年关于中国国际影响力的调查显示，62%的受访者认为中国国际影响力上升，而只有31%的受访者认为美国国际影响力上升。同时，更多的受访者认为俄乌冲突是俄罗斯与北约之间的冲突，近半数受访者认为北约扩张给世界造成安全威胁。2023年新加坡总理李显龙访华，路透社彭博社援引李显龙的发言，说中国"更加繁荣，对世界经济的贡献更大，在国际事务中的发言权也更大"[1]，其他国家必须接受今天的中国已经不是过去的中国了。

3. 中美合作氛围和话语基调发生变化。在大国战略竞争的背景下，美国既对中国持有偏见，又对中国的快速崛起感到焦虑与恐慌，中美战略竞争逐渐升级。2016年特朗普就任美国总统后，坚持"美国优先"和单边主义政策，接连退出《中导条约》《伊朗核协议》《巴黎协定》等多个国际条约。特朗普政府的部分高官在全球推动"中美脱钩""中美新冷战"叙事，不遗余力地攻击中国制度，试图影响国际舆论走向。拜登政府上台后，一些政客出于狭隘的思维无端揣测抹黑，肆意借题发挥，不惜代价阻挠遏制中国的发展。《芯片法案》《新能源法案》及关于"对华限制投资"的行政命令的出台表明，美国的遏制目标和强权思维从未改

---

[1] （中国网）外媒评价李显龙访华：中国在世界舞台的影响力提升 http://www.china.com.cn/opinion/think/2023-04-04/content_85211414.htm

变，只是进行了战略手段调整，由"全面脱钩"变成了"极限竞争""去风险化""限制为主"的话语叙事。美国蓄意设置诸多对华"话语陷阱"，干扰国际社会对中国话语的认知。"话语陷阱"表现为一种体系化、意识形态化的政治话语，体现了一国企图以本国话语逻辑引导他国行为，掌控国际事务话语权，以达到丑化、抹黑、分化他国的目的。

二、中国国际话语权提升的主要阻碍和问题

从国际层面看，在西方现代化过程中形成的西方话语霸权极大地压缩了我国对外话语体系的生存空间和辐射范围。在西强我弱的话语格局下，西方话语先入为主，凭借强大的话语优势对非西方国家不同发展模式的打压与敌对心理和行为造成了中国故事传播和接纳的窘境。提升中国国际话语权，解决话语弱势问题，需要从变革全球治理格局入手，积极引领和推动国际政治经济新秩序的变革。从国内层面看，转型期社会利益分化、社会思潮多样化都在不断地冲击和消解着我国对外话语体系的影响力、说服力和感召力。由于历史和现实原因，西方中心主义逻辑盛行，影响到中国故事的传播效果，需要不断推进中国式现代化进程，处理和解决好现实的矛盾冲突及利益问题，加强社会主义核心价值观的思想引领和文化认同，夯实话语的实践基础。总之，中国特色对外话语体系自身仍存在主体结构不均衡、内容创新不足、表达方式仍需优化、国际传播能力不足等问题。从根本上来说，中国自身话语表达更为关键，话语表达、话语传输和话语接纳能力

是提升国际话语权的根本所在。面对这一系列困难与挑战，我们亟须加强中国特色对外话语体系的构建，重塑话语自信。

1. 国际层面，中国国际话语权与中国贡献、中国实力不匹配。主要涉及两个问题，一是长期以来以美国为首的西方国家凭借在国际话语权上的强势地位及主导作用，削弱了中国设置自身国际议程的能力。随着中国综合国力的增强和国际地位的提高，在中国特色对外话语体系设置中中国政府提出了一系列在国际上具有较大影响力、感召力和认同度的标示性话语，如中国梦、新型大国关系、人类命运共同体和"一带一路"倡议等，彰显了我国开展国际议程的能力，为树立我国良好的国家形象发挥了积极正面的作用。但在西强我弱的国际话语格局中，西方国家牢牢掌握有关中国的议程设置的主动权。在一些国际组织和国际会议中，他们不遗余力地将中国置于千夫所指的尴尬境地，以达到污名、抹黑、搞乱和搞垮中国的目的。同时，西方无论是在媒介技术和产业规模上，还是在公众的媒介接触数量和语言的信息占有上都占据绝对优势。当前，世界传媒信息中最重要的语言载体是英语，绝大多数全球性媒体都使用英语作为传播语言。"在全球网站中，78%的网站使用英语，高达96%的电子商务站点都使用英语界面，80%以上计算机储存信息是由美国提供"[①]，西方国家借此完全把持了国际信息的流通，形成信息高地。舆论信息如洪水般源源不断地从西方发达国家涌向发展中国家，反向流动的

[①] 郭可. 国际传播学导论[M]. 上海：复旦大学出版社，2004：160.

信息却很少。

　　二是在冷战思维和自我优越的心态下，以西方资本主义价值体系和评价体系，来剪裁中国的实践、衡量中国的发展，对中国国际话语权长期的误读恶解。通过蓄意诋毁、恶意攻击和大肆抹黑的方式，处心积虑地营造着遏制中国发展的舆论氛围。改革开放以来，中国发展一直夹杂和充斥着西方舆论质疑、唱衰和捧杀的声音，诋毁中国"形"社"实"资、中国崩溃论、中国威胁论不绝于耳，这些对中国国际话语权体系自身及话语表达传输提出新的挑战。

　　首先，在西强我弱的话语生态环境中，西方国家关于中国问题的舆论走向，牵动着我国对外话语体系的核心议题。尽管我国针对其恶意歪曲和蓄意抹黑进行了极力自辩和反击，但这种被西方国家牵着鼻子，就事论事的对外话语体系常常因缺乏整体性的长期战略规划而难以取得理想效果。

　　其次，西方话语诋毁和误读，加大了中国国际话语权建构的成本投入。西方国家渲染的中国形象往往会先入为主，并在中国话语与海外受众之间筑起一道无形的屏障，阻隔中国对外话语的有效传播。面对西方的舆论封锁和误导，要改变人们的原有认知偏差和偏见，展现并传输一个全面、客观、立体的中国形象，则需要耗费大量的人力、物力和财力，加大了投入成本。在西方操控的话语不对称流动下，西方话语单向流动，中国话语流动不出去，文化认同难以形成，加剧了中国国际话语权提升的难度。

最后，西方敌对势力对中国持续渗透。近年来，随着中国综合国力的不断增强和国际地位的显著提高，美国等西方发达国家越发感到惶恐和不安。为了实现对中国全面遏制，以美国为首的西方国家更加重视对我国的意识形态渗透，既有战略指导，更有实际行动，通过抢占舆论阵地，夯实意识形态渗透的平台；通过掌握话语权制高点，传播意识形态渗透的声音；通过话语包装和文化输出，美化意识形态渗透的内容；通过培植本土"精英人才"和"西方代理人"，延展意识形态渗透的范围等。[①] 西方国家的意识形态渗透给我国带来的挑战是全方位、深层次的。其实质就是通过鼓吹资本主义制度，兜售所谓的"普世价值观"，企图削弱马克思主义在我国意识形态的指导地位。在西方国家无孔不入、潜移默化的意识形态渗透下，一些对国家发展的历史，以及对世界的发展状况缺乏全面认识的人，尤其是抵抗能力较差的青少年，并不去深究中国发展历史和发展不平衡的根源，只以现有的经济差距作为标准，对资本主义社会产生向往和认同，盲目崇拜西方的一切，错误地把国内呈现出的种种社会矛盾归咎于社会主义制度和意识形态，对自己的民族国家缺乏认同，对社会主义产生怀疑甚至抗拒。这种通过不断消解话语主体的精神之钙，实现意识形态渗透的危害巨大，是通过动摇主体的理想信念，企图达到从源头上遏制我国国际话语权提升的目的。

2.国内层面，中国国际话语叙事与中国式现代化的实践不同

[①] 王永友，史君. 新媒体环境下西方意识形态渗透的实质、方式与应对策略[J]. 马克思主义研究，2017（2）：104–112.

步。首先是利益分化，弱化马克思主义说服力。当前中国正处于社会转型期，社会利益分化，社会阶层的多样化和社会思潮的多元化，不断冲击和消解着我国对外话语体系的影响力、感召力和公信力。话语体系是在一定的历史观和方法论之上构建起来的，话语体系不能离开历史观和方法论而单独存在。马克思主义历史观是辩证唯物主义在社会历史领域的具体贯彻与科学运用，提出了人类历史的发展是一个有规律的客观过程的历史决定论观点，提出了在社会领域研究人的相关主张，科学揭示了作为社会主体人的本质。马克思主义方法论是以"实践的、辩证的、历史唯物主义为根本方法"。在今天的中国，建设以马克思主义为指导的中国特色对外话语体系，必须坚持马克思主义的历史观和方法论。坚持马克思主义历史观和方法论就是坚持辩证唯物主义和历史唯物主义立场观点和方法，其科学性毋庸置疑。但是改革开放以来，伴随着我国经济结构快速转型和社会结构的深度调整，我国社会利益关系发生了重大调整，利益诉求多样化，利益差距凸显，贫富两极分化。受其影响，社会民众的思想观念和价值追求的多样性、选择性和差异性日益增强，这在一定程度上给马克思主义的指导地位带来了挑战。首先，利益诉求的多样化冲击了马克思主义意识形态的主体地位。在利益主体相对单一的社会结构中，马克思主义意识形态具有强大的社会影响力、号召力和高度的整合力。然而，在我国市场经济体制改革的过程中，随着中央与地方的放权，政府对国有企业的放权让利与多种所有制经济的发展，原有的社会结构发生剧烈分化，组合并衍生出许多不同的利益群体，产生不同的利益诉求。这些利益诉求被不断地"激活"和"强化"，俨然已成为左右人们思想观念、价值取向和行为习惯的一股强劲力量。主要体现为两种趋向，一种从自身的物质利益出发，时刻关注自我的切身利益，急功近利、巧取豪夺，公然漠视和大胆冲击具有方向性、全局性、规定性和长远性的社会主义政治制度、法律体系和道德规范，主动疏离甚至背弃马克思主义理想信念；另一种由于游离于市场体制之外，缺乏畅通的利益表达渠道和有效的利益保障机制，致使他们的利益诉求得不到及时满足或受到了不同程度的损害。这部分人秉持"事不关己、高高挂起"的心态，对马克思主义主流意识形态不关心、不认同，对社会现状和前景悲观失望，一些人甚至怀疑和否定共产主义理想信念，使得马克思主义的影响力和说服力受到很大限制，取信的难度加大。其次，利益差距的凸显削减了人们对马克思主义的认同度和忠诚度。共同富裕是社会主义的终极目标，也是社会主义区别于资本主义的本质特征。实施"先富带动后富"的方针，一定的利益差别在社会主义初级阶段是不可避免的，也是合理的。但是改革开放以来，特别是进入21世纪以来，我国的基尼系数一直在0.4以上的高位徘徊，我国城乡居民收入差距较大，利益差别较为明显，由此引发一些社会民众，尤其是底层民众对"共产""共富"价值理念产生怀疑和抵触，对马克思主义理论所描绘的"共产主义社会"产生距离感和疏远感，一定程度上影响了马克思主义的认同和内化。

3. 中国国际话语体系自身、话语内容、表达方式与国际传播能力不足。当前，西方国家凭借精心打造的话语体系和多年生成的话语优势，把控国际舆论场，产生话语信息流进出的逆差，中国真实形象和西方主观印象的反差，中国综合国力提升与软实力的落差，在国际舆论场中，中国时常处于有理说不出的话语困境。打破这种困境，要着力从中国国际话语体系自身，话语叙事、传播等方面着手，讲好中国故事，传播好中国声音。首先是在国际话语体系建构上，存在主体不均衡的问题。互联网时代随着网络信息技术的裂变式发展及由此带来的开拓式、无疆界的信息空间，在带来了信息互通的便利性的同时，也使国际传播格局发生了根本性的变革，人们可以自主地搜索和接收信息，还可以主动发布和传播信息，"人人握有话筒"，国际信息传播的主体由原来传统媒体时代逐步转化为由政府为主导，包括企业、社会组织和个人在内的各种行为体共同参与。政府作为国家意志和国家权力的集中代表，具有话语主体的权威性，也是对外的法定代言人，可划分为具有涉外职能的政府部门（如中华人民共和国外交部、中华人民共和国教育部、中国人民政治协商会议全国委员会外事委员会、中华人民共和国国务院新闻办公室等）和具有国家性质且以国际交流为目的的各种社会团体（如中国人民对外友好协会、中国国际贸易促进委员会、国际商会等），政府力量在创造话语体系概念范畴、阐释话语体系深刻内涵、传播话语体系思想理念和监管话语体系传播过程中发挥着总揽全局，协调各方领导的核心作用，引领中国国家话语权走向发展道路。政府之外的其他行为体主要是指具有独立财政和决策自主权的社会组织、企业、社会精英和普通民众等，在国际话语权建构和提升上发挥着重要的作用，可以通过宏观或微观视角，如组织变革、企业发展、日常生活等视角从不同角度与政府视角互为印证、互相补充，共同展现现代中国形象和中国发展。某种意义上，这种民间互动通常会产生政府力量难以产生的文化认同和情感共鸣，产生较好的话语传播效果。因此，发挥非政府力量在国际话语权中的主体作用对中国国家话语权提升有重要影响。但是，截至目前，非政府力量在国家话语传播上的主体性作用还未被充分地激发出来。社会精英的对外发声还处于阐释阶段，话语传播和话语践行还有待继续探索，信息传播力度和效果均有待加强。社会组织和普通大众的对外话语传播更处于边缘状态。我国对外话语传播以官方传播为主，传播模式和传播平台过于脸谱化，加之在冷战思维的影响下，西方政治传统中对我国政府或多或少的天然敌视，这种不信任、质疑极大地消弭了我国国际话语传播的有效性。因此，需要充分引导和利用民间团体、跨国公司和公益组织，以主旋律为基调，发挥积极性、能动性、创新性，多方发力，形成合力，共同奏唱中国琴瑟和鸣的国际话语乐章。

其次是在国际话语叙事上，仍存在主体性缺失、创新性不足的问题。主要体现为，一方面在话语叙事的理论体系建构中，作为建构基础的中国哲学社会科学的主体性，从意识到建构，存在不同程度的主体性缺位。原因在于中国哲学社会科学长期受到西方社会理论的"规范"与钳制，在学科建构、思维建构和方法运用上，不自觉地"以西释中"。在西方社会历史背景下形成的西方社会学、政治学、经济学、文化学，具有其不可避免的历史文化烙印和价值立场，虽然西方学者提出了价值中立的研究思路，但实际上真正做到抛弃原有价值取向去研究社会、研究历史不过是一种理想状态。马克思主义认为，人是社会的人，任何人都不可能脱离其生存的社会环境、意识形态去独立思考和研究，因此，简单套用西方理论或模式，不加辨别地把西方学术理论和治学取向奉为圭臬和准则，最终只能导致我国在理论创新上陷入"学徒困境"。中国有自己的国情和社会历史，哲学社会科学的研究要从自己的实际出发，在自己的理论基础和实践中创新，引领中国式现代化进程。另一方面，在开启工业化、现代化进程中，西方话语在阐释中国实践、解决中国问题时，频频陷入失灵、失效的尴尬境地。主要原因在于，成长于特定时代节点的国际形势、国内环境的西方现代化理论与模式，有其特定的历史逻辑、历史特点和成长规律，用成长于资本主义背景下的西方话语来阐释中国今日之崛起本就属于超越其本身论域的范畴，加之传统冷战思维、霸权主义行径影响，西方话语在中华民族实现伟大复兴的历史进程中实现社会主义现代化的解释力更显不足，中国的现代化道路完全不同于西方，而中国发展所面临的情况和问题，需要有中国自己的理论阐释和理论创新来推进和引领。今天，推进中国式现代化进程中的伟大实践，为构建具有独创性的哲学社会科学理论，丰厚中国思想理论体系提供了广阔的生长空间和发展动力,要立足中国本土意识和主体意识,构建中国特色社会主义国际话语权体系,为解释中国历史、指导中国现实和引领中国未来提供理论支撑,为丰富国际话语叙事提供学理依据。

再次,中国国际话语的表达方式尚待优化,仍需拓展新的路径和平台。在我国对外话语体系中,一度存在着"说了传不开"的话语尴尬,这种境况,一方面,是由于西方的话语打压,源于其价值核心精心建构已然系统化、常态化,话语体系及把控话语流的不对称流动下对有限话语的有意识筛选。另一方面,也是更为根本的,源于中国国际话语表达问题,话语流动不畅,话语接收者对话语传输内容、承载价值存在主观性或先验性评判,当他们认为评判结果产生质疑、不信任等负面影响时,话语传输无效,这就对话语的信度、效度、质量和方式提出了要求。为此,需要革新对外话语体系的表达方式,提高质量,因地制宜采写报道,使我们的对外话语接地气、有人气。新华社、中国国际广播电台和《人民日报》等一些重要媒体开始分语种、分区域向世界提供新闻产品,用海外受众能接受、易接受的话语体系阐释中国道路是创新话语表达方式的体现。但是,深入对接不同国家易于接纳的表达方式,需要持续的探索、更多跨文化人员参与研究,及更多专门从事对外工作部门的协同合作,才能取得更为实质性的进展。在此基础上,拓展更多话语路径和平台才更为有意义。目前,在国际话语表达方式上,还存在以下问题,一是故事模式与信息模式的不均衡,体现为信息模式过多,注重报道的欣赏

<<< 第一章 提升中国国际话语权的时代背景、价值意蕴与现实挑战

性、娱乐性和消费价值的故事模式相对较少。当以真实性和准确性见长的信息模式过多进入人们的视野时，受众对其正统性与严肃性的刻板印象使信息流通发生阻滞，而故事模式呈现我国人民现实生活状况的报道因其与受众情绪紧密相关，更易产生共鸣，从而信息流传递更为畅通。李子柒成功将中华文化传到世界各地使用的就是这种故事模式，讲述寻常百姓的日常故事，使文化更具亲和力和可感受性，话语通过故事流淌在不同文化之间，达到较好的接纳效果。二是软语态与硬语态的失衡。这个问题与前一问题具有相似性，软和硬主要是新闻话语和传输话语的语言风格和话语区别，体现在价值情感上，由传者本位向受众本位转变，达到在海外受众中"入脑""入心"的传播效果。这个问题目前已经被重视，但还没有达到平衡，在复杂多变的国际形势下，需要在把握国际传播的规律以及了解受众国家文化资源，深入地了解现实的基础上做好做实。

最后，国际传播能力尚待加强。党的十八大以来，我国在推动国际传播守正创新、理顺内宣外宣体制、打造具有国际影响力的媒体集群、积极推动中华文化走出去、有效开展国际舆论引导和舆论斗争等方面初步建立起多主体立体式的大外宣格局，国际话语权和影响力显著提升，同时也面临着新的形势和任务。随着百年变局加速演进，国际形势更加跌宕起伏。一是话语能力有待加强。近年来，新冠疫情暴发，乌克兰危机给全球带来不确定性的同时，也给全球治理带来更为艰巨的任务。在疫情防控、病毒溯源和疫苗生产与分配问题上、在乌克兰危机问题上，话语博弈

不仅存在，而且越来越显示出其重要性。在国际话语博弈中，国际话语能力是核心能力，是国际传播能力的基础和前提。以习近平同志为核心的党中央提出，推进国际传播能力建设，要加强话语体系建设，用融通中外的方式讲好中国故事，传播好中国声音。话语体系建设是国际传播能力的重中之重。要以马克思主义为指导，围绕中华文化深耕细作，把中华优秀传统文化的精神标识和中华优秀传统文化中具有世界意义的文化精髓提炼并展示出来，积极推动中华文化走出去。要结合中国式现代化中的实际问题，在马克思主义基本原理和中国具体实际、同中华优秀传统文化相结合中讲好中国故事，阐释好中国特色。二是在网络建设方面有待提升。进入新时代，媒体传播环境发生重大变化。随着5G、大数据、云计算、VR、AR的技术发展，国际传播领域发生深刻变革，新兴媒体、移动传播日益成为国际传播实践的重要形式。2022年5月，在北京外国语大学举办的国际传播能力指数方阵2022发布会上，中国国际能力传播指数为2.861，居于全球第四位，其中硬实力排名第二，软实力排名第七，二级指标中信息公开、语言建设和形象建设均进入前十，但网络建设排名相对靠后，这与社交平台使用偏好有关。这表明我国软实力建设存在大量发展空间，在发展对外传播平台的同时，要积极借鉴其他国家经验。三是精准传播有待加强。人在哪里就要到哪里做工作，加强国际传播能力建设需要直面国际传播方式和格局、国际舆论生态的变化，更广泛地了解世界各国历史文化、现状、发展特点和主体偏好，充分运用各类传播方式，传播好中国声音。习近平总

<<< 第一章 提升中国国际话语权的时代背景、价值意蕴与现实挑战

书记提出"要采用贴近不同区域、不同国家、不同群体受众的精准传播方式,推进中国故事和中国声音的全球化表达、区域化表达、分众化表达,增强国际传播的亲和力和实效性"①。研究和掌握现有媒体传播渠道、交流平台的特点,创新内容形式,提高传播艺术,推进中国故事和中国声音的精准传播,助力全面提升国际传播效能。

新时代带来新使命,新使命召唤新发展。今天中国特色社会主义发展进入了开启全面建设社会主义现代化的新征程,正在向第二个百年奋斗目标进军,提高国际话语权,是我们事业发展的内在要求和必然逻辑。新时代背景下,提高国家话语权有其明确的目标诉求和价值指向,以占据国际话语权制高点,塑造良好的中国形象,坚持马克思主义意识形态领导权为根本诉求,与中国特色大国外交同频共振,为中国特色社会主义事业营造良好的国际环境,与推动构建人类命运共同体同行,维护世界和平,促进共同发展。

---

① 习近平在中共中央政治局第三十次集体学习时强调:加强和改进国际传播工作 展示真实立体全面的中国[N]. 人民日报,2021-06-02(1).

第二章

提升中国国际话语权的生成逻辑

国际话语权是人类迈向命运共同体的重要前提,在当前旧的全球治理体系和话语体系下,推动公平公正的国际关系新秩序形成,发展中国家和新兴市场国家只有拥有并不断提升国家的国际话语权,形成一个世界各文明主体相互尊重和协商发展的世界历史交往氛围,人类才有可能达成"美美与共,天下大同",建立起真正意义上的人类命运共同体。作为发展中的大国,提升中国国际话语权,迈向人类命运共同体的关键环节,有其生成逻辑进路。深入探究提升中国国际话语权的历史逻辑、理论逻辑和实践逻辑,深刻理解和把握其逻辑建构、生成规律及内在要求,是真正实现中国国际话语权提升的前提和基础。

第一节 提升国际话语权的历史逻辑:中国社会主义外交经验的深刻总结

鉴往而知今,回溯新中国成立70年来中国国际话语权的演进历程，可以洞悉今天提升国际话语权的现实挑战，为新时代提升中国国际话语权提供历史启示和经验借鉴。新中国成立改变了中国社会发展历程，作为一个新独立的东方大国，中国以何姿态屹立于世界，举世瞩目。新中国于百废待兴中，果断实行"另起炉灶""打扫干净屋子再请客""一边倒"的三大外交方针，开启了中国参与国际事务，争取国家话语权的先河。总的来看，国内学术界将其分为三个阶段，第一阶段从新中国成立到20世纪80年代，为中国国际话语权的曲折建构时期。在新中国三大外交方针基础上，相继提出和平共处五项原则、"两个中间地带"、"三个拳头打人"、划分"三个世界"、"一条线，一大片"等国际关系新主张、新理念，这一时期，以和平共处五项原则为首的外交话语权最具代表性。这一时期，中国外交取得的主要成就有：恢复了在联合国的一切合法权利，成为联合国安理会常任理事国；中美建交；中苏关系正常化，这些成就一定程度上提高了中国的国际地位，增强了中国国际话语权。这一时期主要特点是政治斗争和意识形态较量色彩较重，尚未形成自觉、系统的战略思维，话语权也相当有限。第二阶段从20世纪90年代至2008年，为中国国际话语权的缓慢发展阶段。改革开放之后，独立自主的和平外交政策成为对外关系的首选。20世纪90年代东欧剧变、苏联解体后，使得原本有着良好发展机遇的中国国际话语权陷入西方国家的话语陷阱，在意识形态上，西方鼓吹"历史终结论""社会主义失败论""马克思主义过时论"等荒唐论调，在国家形象上，不断炮制"中国崩溃论""中国威胁论""中国傲慢论"等话语陷阱，鉴于当时综合国力的限制和经济建设的需要，中国在外交领域采取韬光养晦的政策，"不争论""不当头""不冒进"，中国形象"他塑"较为明显，话语方面"被反应""被定位"，国际话语权陷入缓慢发展的状态。第三阶段，2008年至今，为中国国际话语权的稳步提升阶段。2008年金融危机，使得被西方奉为神话的"华盛顿共识"遭受越来越多的质疑，中国在国际话语权问题上积极作为，从实现中华民族伟大复兴的中国梦，到"一带一路"倡议；从人类命运共同体，到全球安全观和全球治理观及正确义利观的外交话语频出，引起广泛关注和世界支持，通过主场外交的形式搭建国际话语平台，国际话语权不断提升。

总的来说，新中国成立70多年来，中国的国际话语权总体上得到很大提升，但同时中国的发展优势和综合国力尚未完全转化成国际话语优势，西方的话语霸权和话语陷阱的挑战、中国"话语贫困"和"话语赤字"的窘境同时存在，未来中国能否在国际话语权争夺中增强主动性、把握主动权事关中国发展的前途命运，是外交领域"强起来"的重要标志。追溯中国国际话语权的发展演进逻辑可以看出，中国国际话语权建设与所处时代、综合实力、战略格局、国家利益紧密相关，呈现出中国自身发展逻辑与世界发展逻辑的统一，新时代提升国际话语权也是这种统一的集中体现和逻辑结果。

一、对现代国际关系及国际舆论格局演进经验的深刻总结

随着大工业而来的资本主义话语体系在现代化进程中，不仅逐渐成为西方的主导话语，而且不断蔓延扩张，形成了自己在

整个世界的主导地位。由资本的本性使然,"资本逻辑"首先在民族国家内扎根并以之为牢固基础,继而在全球范围内扩张,伴随这一历程的就是以其为核心,建构起了一套体现其诉求与价值的西方现代性话语体系,借助资本逻辑的强势扩张在全球范围扩张,集中表现为"体现欧洲中心主义"的话语权,形成西方和非西方之间深厚的隔阂。"二战"后,随着民族复兴运动的兴起,新独立国家发展迅速,经济崛起后的发展中国家通过不结盟运动、南南合作、全球化分工、资源外交等举措,捍卫自己的国际权益和利益,在突破西方话语固化藩篱方面做了大量的努力,逐渐形成了集体发声局面,没有根本改变西方强势的话语体系。东欧剧变、苏联解体后,世界多极化发展更趋明显,这些国家也愈益重视建构与自身实力相称的话语权,但仍未形成能正确表达自己的话语体系,影响了其话语传播、互动与话语权提升。

西方国家的话语权尽管受到后发国家崛起的影响而受到削弱,但其强势地位没有根本改变,特别是新媒体的崛起,西方国家依赖其发达的传媒系统和先进的传播能力强化了这种态势,国际舆论"西强"格局,特别是美国的"压倒性"话语霸权没有根本改变。当今世界正经历百年未有之大变局,大国战略博弈全面加剧,国际体系和国际秩序深度调整,国际力量对比经历着最具革命性变化,这种嬗变推动国际治理格局变化、国际话语主体转化和话语内容创新,疫情突发暴露了全球治理体系的突出问题,给群体崛起的发展中国家提出了更为紧迫的提升话语权的课题。

基于这样的背景,提升话语权是非西方国家,特别是后发展国家促进世界多元化发展、优化生存样态的必然选择。在经济全球化引发了经济共生、政治共存和文化共荣的背景下，国际话语权是一个国家发展并立足于世界的根本条件，既关乎每一个国家的发展前景和发展利益，更是在人类命运共同体的框架下世界多样化发展的重要体现和根本保障。话语权往往体现了国家实力，西方国家的强势话语来源于它强劲的工业化实力，由此衍生的竞争优势，固化了其话语优势，这就决定了后发展国家改变当今国际社会话语权不平等的斗争必将是一个艰难的历程，需要坚持不懈的抗争。国际关系发展的历史逻辑和现实逻辑决定了提高国际话语权必然成为当代国际关系领域的重要议题和关注热点。随着中国参与国际事务的角色转换及参与国际舆论格局构建的变化，提高国际话语权是中国成为"负责任大国"的必然选择和重要标识。新时代新发展的"实力"基础和疫情的有效防控为中国国际话语权提升提供了新的话语底蕴和话语空间、话语环境，在逆全球化潮流和民族主义思潮泛滥的后疫情时代，提升中国国际话语权是当下中国面临的重要挑战。

二、对新时代中国共产党坚持走和平发展道路的经验总结

提高国际话语权不仅顺应了和平与发展的时代主题要求，是其当代发展的逻辑必然，而且体现了中国走和平发展道路的现实需求和战略部署，符合世界人民和中国人民的根本利益。20世纪80年代，邓小平在对国际形势和国际政治力量对比进行了科学分析的基础上，提出了和平与发展成为时代主题的科学论断，以此

为依据掀开了中国改革开放的新篇章，书写了中国特色社会主义的鸿篇巨制。这一命题绝不是自然形成的，而是人类历史发展的经验总结和理性选择的结果；这一命题的时代发展也不会是自然而然的，而是人类共同努力、携手奋战的结果。当代世界霸权主义依然存在，恐怖主义的阴影也不时地侵扰人们，同时国际旧秩序没有根本改变，人类和平与发展需要全世界长期不懈共同努力。

在"西强我弱"的当代世界话语格局下，提高国际话语权，增强国际发声能力，提高中国在世界范围的影响力和吸引力是国家实力的重要标志，更是中华民族"强起来"的基本前提，是中华民族根本利益所在；既有利于营造符合中国和平发展核心利益的国际和周边环境，也有利于推动世界格局发展演变，维护世界和平，促进共同发展，探索开拓人类共同发展的新道路，重构新型国际关系，形成新的外交格局。中国和平发展道路是在维护自己正当权益前提下的坚持，有其原则和底线，各国都坚持和平发展才会有共同发展。这种发展道路打破了"国强必霸"的工业化进程中国家崛起的老路，向世界昭告中国发展带给世界的是机遇，不是西方国家话语中的威胁和恐惧。

中国走和平发展道路是顺应和平与发展的时代潮流的必然选择，是在尊重历史规律的基础上，总结新中国成立70多年的历史经验和中国特色社会主义发展经验的中国方案。但是，这条道路最终能不能行得通，中国能不能推动国际局势朝着相对均衡的方向发展，为维护世界和平发展做出自己的贡献，从根本上取决于中国的综合实力及影响力、吸引力，在很大程度上依赖自身国际话语权的提升。因此，提高国际话语权是中国和平发展道路的内在要求和重要抉择，是中国特色社会主义大国外交的必由之路和必然结果。当今时代，信息瞬息万变，传播速率之高、传播范围之广、传播手段之多前所未有。随着中国实力的增强和国际地位的提升，与过去相比，国际社会关注中国的方式和内容发生变化，更为关注中国的政策主张和应对之举。因此，把握住受众关注的国际国内焦点问题、热点问题，并对此进行透彻阐释，展现中国风貌、阐发中国精神，增强话语主动权、提升国际话语权是作为负责任的大国推动、捍卫世界和平与发展的重要举措。

中华民族历来是爱好和平的民族。多年来，深植于历史文化中的和合观念深入人心，"天人合一""以和为贵""以和邦国"作为中国历史文化的精髓和底蕴，构成了中华民族血脉深处的价值规范和价值选择。历史发展逻辑表明，中国走和平发展道路符合当前世界发展的潮流，是中国的发展利益所系，是世界前途命运所系，是中国共产党基于自身国情、社会制度和文化传统，在对世界历史发展规律准确把握的基础上做出的符合世界各国利益的重大抉择。但是，由于旧的全球治理体系和国际政治经济旧秩序的存在，中国走和平发展道路注定不是一帆风顺的。沧海横流方显英雄本色，变乱交织正需大国担当。提升中国国际话语权是中国在两个百年之大变局下，应对风云变幻的国际形势，应对明显增多的不稳定性和不确定性的重要利器，也是中国引领全球治理变革，捍卫多边主义，维护全球战略稳定的重要举措。

第二节 提升国际话语权的理论逻辑：马克思主义基本理论的继承和发展

理论是实践的先导。党的十八大以来，以习近平同志为核心的党中央继承和发展了马克思主义世界历史理论、马克思精神生产理论，汲取了中华传统文化的营养和智慧，把马克思主义基本原理同中国具体实际相结合，形成了关于提升国际话语权的重要论述，深刻回答了习近平新时代中国特色社会主义大国外交的路径、方法等根本问题，开辟了马克思主义政党回答"世界之问"的新境界，为推动构建人类命运共同体提供了理论指导和路径指南。

一、理论溯源：马克思主义相关经典论述

（一）坚持和发展马克思世界历史理论

世界历史理论是马克思在创立唯物史观过程中形成的重要理论，在马克思主义唯物史观理论乃至整个马克思主义理论体系中具有重要地位。马克思阐明了世界历史形成的内在规律，科学预测了世界历史发展的未来走向，通过对各国历史的研究和比较，他发现了社会历史的深刻本质和内在联系，从而深刻揭示了社会历史发展规律，构成了其唯物史观的坚实基础。由于世界历史理

论的形成，马克思主义唯物史观实现了从研究视域到研究范式和方法论的全新开拓与科学阐释。19世纪40年代，马克思在同旧哲学划清界限，创立自己的新哲学的过程中，转向世界历史的研究，他考察分析了货币、资本、私有财产等经济要素与世界历史形成的关系及其内在联系，揭示了世界历史形成的动力，预见了世界历史的未来。马克思肯定资本主义在世界历史进程中的地位与作用，但是，他又认识到资本主义的社会矛盾随着世界历史进程的发展而扩展，这种世界性对立只能由世界性的无产阶级以共产主义的方式来解决，这就明确了世界历史的发展趋向，是走向"真正的共同体"，这种共同体是超越了资本主义条件下"虚假共同体"的。如马克思所描述的那样，未来社会是"自由人的联合体"，可以看出，马克思是在对世界历史发展规律深刻总结的基础上，对未来社会发展进行了严谨、科学的预测，为人类社会发展指明了方向和路径。

马克思的世界历史理论为研究全球化提供了丰富的有益的思想资源，成为习近平总书记对提高国际话语权重要论述的理论渊源。马克思认为，人的发展有赖于交往的普遍发展，强调人的自由和发展只有在扩大世界性联系，形成"世界历史性"的个人中才能实现，只有普遍交往，才能与现代文明相融，充分利用人类文明成果来发展自己，其重要路径是广泛参与全球性的文化生产和消费，实现"文明共享"，达到"各个人才能摆脱种种民族局限和地域局限而同整个世界的生产（也同精神的生产）发生实际联系，才能获得利用全球的这种全面的生产（人们的创造）的能力"[①]。

随着全球化时代到来，对全球化的理论需求也呼之欲出。但是，由于各国全球化起步不一样，目前全球化理论中西方话语传播广泛，在很大程度上主导了全球化理论，发展中国家和新兴市场国家失语严重，不能很好地传递自己的全球化话语和理论，导致全球化的西方话语泛滥，由于立场、角度、方法及依据材料的不同，这些话语并不能代表全球需求，特别是发展中国家的需求，资本中心、冷战思维、零和博弈等在资本主义生成中产生重要影响的传统国际关系思维逻辑盛行，忽略和抹杀了全球化的国家差异和地区差异，在全球化实践中造成了非常恶劣的影响，正是在这个意义上，在百年未有之大变局下，产生了"世界向何处去"的时代之问。对这个问题的响亮回答，中国提出了人类命运共同体的建构，提出世界多极化、经济全球化深入发展，各国相互联系、相互依存，全球命运与共、休戚相关，明确阐明建设"持久和平、普遍安全、共同繁荣、开放包容、清洁美丽"的世界，并为之提供了中国方案和中国行动。

世界历史发展到全球化阶段，世界处于"你中有我，我中有你"的高度依存状态，全球处于"共命运"的关系状态，建构人类命运共同体，需要全球"共建共享"。实现马克思所说的文明共享，是在各国相互尊重、话语平等的基础上进行的，唯其如此，发展中国家才能真正发挥自己的作用，推进世界历史的发展

[①] 中共中央马克思恩格斯列宁斯大林著作编译局. 马克思恩格斯文集：第1卷[M]. 北京：人民出版社，2009：541.

进程。但是，目前在西方的话语体系压制下，非西方国家处于话语弱势。发展中国家改变这种话语劣势，亟须在全球化理论中崭露头角，拥有并提升自己的话语权。

作为世界和平的重要推动者和捍卫者，中国探求和建立符合中国实际发展利益、发展需求的话语体系，是实现文明共享的前提和条件，是建立符合中国实际的马克思主义全球化理论的基本路径。党的十八大以来，以习近平同志为核心的党中央，把提高国际话语权放在中国共产党治国理政的突出位置，明确了维护世界和平和促进共同发展的中国方案，丰富了中国特色社会主义大国外交的战略内涵，在构建人类命运共同体的实践中积极推进全球治理变革和建构新的国际关系产生重要影响。

（二）坚持和发展马克思精神生产理论

精神生产理论是马克思历史唯物主义研究的重要内容，在马克思主义的唯物史观形成中具有重要地位。马克思是在阐明历史唯物主义的过程中论及精神生产的，对精神生产的研究贯穿马克思理论体系的始终。马克思科学阐明精神生产的内涵与本质，他从人类生活的物质基础入手探讨，强调任何精神生产是建立于一定物质生产基础上的，反过来影响物质生产；精神生产的属性决定于物质生产的属性，从而从唯物史观角度赋予精神生产新的面貌和使命，使其成为人类发展史上揭示了文化生产和精神生产本质的最为深刻的理论。"随着资本主义的发展，世界历史性活动的形成，单个人才能摆脱种种民族局限和地域局限而同整个世界的生产（也同精神的生产）发生实际联系，才能获得利用全球的这种全面的生产（人们的创造）的能力"①，社会生产力和分工的发展推动着世界历史性活动的形成，"各民族的精神产品成了公共的财产"②，在这个过程中"生产力、社会状况和意识之间可能而且一定会发生矛盾，解决之道在于消灭分工"③，通过唯物史观的方法分析，马克思得出结论，资本主义的社会关系和生产力的世界性之间的矛盾，只能由共产主义社会来完成，"在那里，每个人的自由发展是一切人的自由发展的条件"④，这样，马克思既科学预见了世界历史的未来走向，又揭示了人类社会发展及精神生产发展规律，完成了他的唯物史观论证。

20世纪80年代，"全球化"概念出现，用以描述世界各国相互联系和相互影响日益拓展和加深的人类社会发展现状和未来趋势，后来逐渐由概念演变成一种人类社会的现象过程。通常意义上的全球化是指全球联系不断增强，人类生活在全球规模的基础上发展，人类的活动领域由一国发展到多国，生产生活超越了地区政府的边界，国与国之间在经济贸易上相互依存。首先是经济全球化，生产、贸易、资本、技术、信息、服务跨越了国家和地域，在全球范围流动。随着生产力的全球开拓，必然与各主权国

---

① 中共中央马克思恩格斯列宁斯大林著作编译局. 马克思恩格斯文集：第1卷[M]. 北京：人民出版社，2009：541.
② 中共中央马克思恩格斯列宁斯大林著作编译局. 马克思恩格斯文集：第1卷[M]. 北京：人民出版社，2009：535.
③ 中共中央马克思恩格斯列宁斯大林著作编译局. 马克思恩格斯文集：第1卷[M]. 北京：人民出版社，2009：535.
④ 中共中央马克思恩格斯列宁斯大林著作编译局. 马克思恩格斯文集：第1卷[M]. 北京：人民出版社，2009：535.

家的社会状况、社会关系和意识理念等产生矛盾，化解这一矛盾，需要意识和社会形式的相应变化，需要意识的不断进步、文化交流和传播。与世界市场形成的资本主义主导格局的逻辑一致，全球化进程中各国文化交流也形成了西方文化至上、价值至上的文化中心论，和只强调自身文化而反对文化交往的文化相对主义。某些西方学者认为，肇始于欧洲的西方文明是人类迄今为止唯一成功和正确的文明，理应成为世界文化的中心，而亚非拉地区则处于文明和文化的边陲。一直到今天，某些西方国家这种文化优越感仍然存在，比如，他们向世界推销其"普适性"价值，全然不顾"后院失火"，"占领华尔街运动""欧债危机""棱镜门""难民潮"及政坛的乱象已经让世人大跌眼镜，世界文化多元化趋势带来的多元化价值取向，增加了世界政治经济的不稳定性。事实上，近年来西方国家的政治危机和文化乱象也暴露西方文化在挑战人类文明进步，人类重新又面临着"世界怎么了""人类向何处去"的话题及其文化解答。

全球化大背景下，文化交往日益频繁，文化传播、文化交流愈加普及，但是文明冲突和文化霸权的存在，严重阻碍着"各民族的精神产品"成为"全人类公共的财产"，特别是文化的西方中心主义越来越成为"全球化"进程的重要阻碍，打破这一藩篱禁锢，谋求国际话语权成为全球非西方国家的重要选择。党的十八大以来，习近平总书记关于提高国际话语权的重要论述，坚持并发展马克思主义精神生产理论，体现了中国共产党人为推动构建人类命运共同体的使命担当和责任意识，彰显了经济全球化语境下中国共产党人对探求国家与世界前途命运的历史使命的自觉担当，对于在国际上响亮地发出中国声音，实现中国话语崛起提供了重要的理论指导和实践指南。

中国共产党历来重视文化建设，党的十八大以来，更是强调"扎实推进社会主义文化强国建设"，积极探索和实践各种文化建设路径和建设方式，在中华民族精神家园建设上书写了重要篇章，所有这些为新时代提高国际话语权提供了重要的文化支撑、价值支撑和内涵支撑。在西方"话语特性"与它们强大的"话语能力"所形成的强势话语权下，突破现有国际话语格局，形成"中国话语体系"，积极探求各种平台与渠道，积极尝试用中国理论、视角去阐释国际问题和世界趋势，讲好中国故事，将实践优势转化为话语优势，发展优势转化为议题优势，积极参与全球治理，推动实现中国话语与世界发展的同频共振，实现中国声音的国际认可，是新时代中国特色社会主义大国外交的重要战略和路径选择。

二、习近平总书记关于提升国际话语权的重要论述

党的十八大以来，以习近平同志为核心的党中央将加强国际传播能力建设作为社会主义文化建设的一项重要内容，大力推动国际传播守正创新，理顺内宣外宣体制，打造具有国际影响力的媒体集群，积极推动中华文化走出去，有效开展国际舆论引导和舆论斗争，初步构建起多主体、立体式的大外宣格局，我国国际话语权和影响力显著提升。在深刻总结当今国际局势变化、国际

关系发展规律和中国特色社会主义建设经验教训的基础上，习近平总书记从中国特色社会主义发展的现实逻辑入手，就提升中国国际话语权问题发表了系列重要论述，作出一系列重大部署，为加强我国国际传播能力建设提供了科学指引和根本遵循。

在中共中央政治局第三十次集体学习时习近平总书记强调"构建具有鲜明中国特色的战略传播体系""加快构建中国话语和中国叙事体系，用中国理论阐释中国实践，用中国实践升华中国理论，打造融通中外的新概念、新范畴、新表述，更加充分、更加鲜明地展现中国故事及其背后的思想力量和精神力量"[1]，为新时代提升中国国际话语权指明了路径，提供了基本遵循。习近平总书记在党的二十大报告中对增强中华文明传播力影响力作出重要部署，强调加强国际传播能力建设，全面提升国际传播效能，形成同我国综合国力和国际地位相匹配的国际话语权。这些论断体现了中国共产党人关于提高国际话语权的战略布局与基本方略，彰显着中国话语权建设的理论创新，为新时代提升中国国际话语权、共商共建人类命运共同体提供了科学指南。习近平总书记关于提升中国国际话语权的重要论述，涉及国内国际两个空间，跨越文化、外交等不同领域，从提高国际话语权的战略定位、战略主体、战略重点、战略方法、战略机遇等方面进行了战略谋划，结合新时代、新使命、新危机、新矛盾提出了战略部署和应对策略路径，为新形势下中国特色大国外交指明前进方向，

---

[1] 习近平主持中共中央政治局第三十次集体学习并讲话[EB/OL]. 中国政府网, 2021-06-01.

提供重要遵循，对于推进国际传播能力建设，增强中国特色社会主义的世界认同具有积极的现实意义。

首先，以话语体系的建构夯实国际话语权的话语基础。加强话语体系的建设要从基础抓起，"不断推进学科体系、学术体系、话语体系建设和创新"[①]，形成自己的特色和优势。加强以马克思主义为指导的哲学社会科学话语体系建设，探寻对外传播中的"新概念、新范畴、新表述"，并在实践中不断创新与完善，是推动新时代形成中国话语优势的基础和前提，是在激烈的国际竞争中正确发声，提升中国话语影响力，赢得主动权的根本路径。其次，加强对外话语体系建设，提高国际话语权的对外传播能力。"我们的观念和主张要经常说、反复说，不能长在深山无人知。"[②]加强对外话语体系建设，传达中国理念、主张和声音，已经成为新时代中国致力于重构国际经济新秩序、实现自身和更多国家可持续发展的内在要求，是新兴大国和平崛起的必然选择，也是中国参与全球治理，推动构建人类命运共同体的重要举措。要将坚持"中国立场、国际表达"，加强对外话语体系建设，打造融通中外的新概念、新范畴、新表述，作为加强对外话语体系建设的主要着力点。在建设路径上，用中国理论阐释中国实践，用中国实践升华中国理论。"中华文明历来崇尚'以和邦国'、'和而不

---

① 习近平. 在哲学社会科学工作座谈会上的讲话[M]. 北京：人民出版社，2016：22.
② 中共中央文献研究室. 习近平关于社会主义文化建设论述摘编[M]. 北京：中央文献出版社，2017：210.

同'、'以和为贵'"①"吹灭别人的灯，并不会让自己更加光明；阻挡别人的路，也不会让自己行得更远"②"和羹之美，在于合异"③等话语展示了世界文明的和合共生，也表达了中国理念和中国方案，向世界传递了中国声音，体现了中国特色社会主义大国外交的新内容和新特色，蕴含着丰富的中国意蕴、中国特色。2022年北京冬奥会、冬残奥会"思想＋艺术＋技术"的融合传播，向世界呈现了一个真实、立体、全面的中国。

　　文明互鉴，最深厚的力量在于民心民知相通。文明交流互鉴有助于各国人民打开相互理解的通道，促进心灵相通、感情相亲。习近平总书记关于提升国际话语权的重要论述，以塑造四个"大国形象"为主要着力点，主张通过多方位努力，从"舌尖上的中国""学术中的中国""理论中的中国""哲学社会科学中的中国"多领域着手，综合提升中国在全球治理中的影响力，开拓了中国和平发展道路的新路，实现了新时代中国文化软实力提升的理论突破和实践创新，为国际社会贡献了全球治理的中国智慧。围绕如何将我国发展优势和综合实力转化为话语优势的问题，将国际话语权与我国互利共赢的外交战略紧密结合，通过提升与中国大国地位相应的国际话语权，为中华民族实现由"富起来"到"强起来"的转化提供了理论准备和实践路径。

---

① 习近平.共同构建人类命运共同体：在联合国日内瓦总部的演讲［N］.人民日报，2017-01-20（2）.
② 习近平.携手同行现代化之路：在中国共产党与世界政党高层对话会上的主旨讲话［N］.人民日报，2023-03-16（2）.
③ 张贺.文明互鉴的力量：人文茶座［N］.人民日报，2024-03-17（7）.

第二章 提升中国国际话语权的生成逻辑

习近平总书记指出，提高国家文化软实力，要努力提高国际话语权。要加强国际传播能力建设，精心构建对外话语体系，发挥好新兴媒体作用，增强对外话语的创造力、感召力、公信力，讲好中国故事，传播好中国声音，阐释好中国特色。"展形象，就是要推进国际传播能力建设，讲好中国故事、传播好中国声音"①。

"讲好中国故事、传播好中国声音，展现可信、可爱、可敬的中国形象。"② 习近平总书记关于提升国际话语权的论述，以讲好中国故事为主题，以重塑中国国家形象为主要目标，进行了一系列逻辑严谨的理论建构和战略部署，形成了较为完善的提高国际话语权的理论体系，体现了中国特色社会主义理论和实践在文化、外交领域的创新发展，对国际经济、政治领域产生广泛而深刻的影响，对推动中国和平发展道路、世界和平、促进共同发展、构建人类命运共同体、推进全球治理进程具有积极意义。近年来反映中国脱贫攻坚的《山海情》在全球50多个国家播出，在海外某视频平台一经推出便收获1300万次的播放量；传递人间大爱的《武汉战疫记》，传播中国价值、中国美学等文化元素的《伍六七》在海外广泛播出，传播了中国价值观念、体现了中国人的

---

① 张洋，鞠鹏. 在全国宣传思想工作会议上强调 举旗帜聚民心育新人兴文化展形象 更好完成新形势下宣传思想工作使命任务. [N]. 人民日报, 2018-08-23（1）.

② 习近平. 高举中国特色社会主义伟大旗帜 为全面建设社会主义现代化国家而团结奋斗：在中国共产党第二十次全国代表大会上的报告 [M]. 北京：人民出版社, 2022：16.

审美追求、符合世界进步潮流，是讲好中国故事的典范。

第三节　提升国际话语权的实践逻辑：新时代历史方位下实现中华民族伟大复兴的内在要求

马克思、恩格斯指出，"语言是一种实践的、既为别人存在因而也为我自身而存在的、现实的意识"[①]，认为话语是物质实践的产物，具有"为我"和"为他"的双重属性；列宁强调话语是主观性和客观性的有机统一，以现实的社会基础为依托。理论产生于实践的需要，提升国际话语权是在中国特色社会主义进入新时代、在实现中华民族伟大复兴的伟大征程上，中国共产党人的理论创新和实践自觉。中国特色社会主义进入新时代，标志着中华民族迎来了"强起来"的伟大飞跃，达到了新的历史方位。提升国际话语权是新时代历史方位下中国特色社会主义的内在要求，是中国特色社会主义大国外交的重要战略。风正劲足，自当扬帆破浪；任重道远，更需快马加鞭。回顾百年奋斗的历程，党领导人民实现了从站起来、富起来到强起来的伟大飞跃，迎来了中华民族伟大复兴的光明前景。站在新的历史方位上，赋予党的历史使命、理论遵循、目标任务新的时代内涵，形成新的时代

---

① 中共中央马克思恩格斯列宁斯大林著作编译局. 马克思恩格斯文集：第1卷[M]. 北京：人民出版社，2009：552.

课题。

一、新时代历史方位下中国特色社会主义实践的基本要求

进入新时代，站位于"强起来"的历史方位，中国特色社会主义处于日新月异的快速发展阶段，中国制度和中国道路给人类提供了一个发展中国家崛起的新模式。世界需要中国声音，但是目前中国国际话语权在话语权利、有效性和影响力上都显不足，在话语内容和话语质量上，中国特色社会主义理论阐释的力度、深度不够。我国发展优势和综合实力还没有转化为话语优势，中国自己的故事自己讲不好，甚至要借助西方的话语体系来阐明中国的发展，人云亦云时有发生，在国际传播中"失语""失声"现象依然存在，话语不对等影响了话语理解、认同和正向反馈。在国际议题设置和传播上能力不强，在塑造和引导舆论、掌握话语主动权方面仍有待提高，存在已有话语权的运用还不充分、不到位的问题。因此，在国际传播中主动、及时、准确、有效地传输中国价值和中国制度，让世界全面客观地了解中国，了解中国的历史和未来，了解中国的制度和文化，有其重要性和紧迫性。从这个意义上，提升中国特色社会主义的阐释和传播能力，提高国际话语权是关乎中国和世界发展未来和发展前景、前途命运的重大国际战略抉择，是新时代"强起来"历史站位下中国特色社会主义的内在要求和重要议题。

近年来，中国在全面深化改革开放和推进中国特色社会主义伟大进程中，综合国力和国际地位不断提升，经济、军事、科技

等硬实力取得突飞猛进的进步。但是，中国的软实力建设相对滞后，在世界发声力度和强度不够，国际形象的"他塑"问题比较突出，出于意识形态和"国强必霸"的旧思维，国际上唱衰中国的论调不绝于耳。当代中国的形象"他塑"较为突出，某些领域失声、失语的状况没有根本改观，严重影响了中国的国际声望和国际地位。当代世界正处于大变革、大调整时期，国际格局加速演变，国际力量对比发生深刻复杂的变动，多极化曲折发展，国际关系民主化趋势明显，西方主导的全球治理体系正处于变革中，但并未根本改观。

二十大报告中提出中国式现代化是走和平发展道路的现代化，将其作为中国式现代化的重要特点，上升到国家战略的高度加以部署安排，为推进中国式现代化进程中中国与世界关系及其路径选择提供了指导。在百年未有之大变局和中华民族伟大复兴的大局下，中国和平发展道路如何走，如何走得通是关乎中国式现代化道路和前途命运的重要问题。提升国际话语权成为中国走和平发展道路，推进中国式现代化的重要通行砝码。作为发展中的大国，中国是维护世界和平、促进共同发展的重要力量，近年来中国和世界爱好和平的国家一道在推动构建更加合理公正的国际新秩序、推动全球治理体系转型方面做了很多努力，赢得了世界的尊重。作为多极化格局的重要组成部分，世界亟须中国的响亮发声、正确发声。实现国际形象由"他塑"向"自塑"转变，让世界更好地了解中国，让中国更好地走向世界，构建起符合中国实际、体现中国特色的中国与世界的话语沟通桥梁。提高国际话语权，是中国特色社会主义外交的时代课题和中国式现代化的实践课题。

二、新时代中国特色社会主义大国外交的重要战略

法国学者米歇尔·福柯（Michel Foucault）认为："话语即权力。"在福柯看来，话语是与社会权力关联起来的，话语权就是通过话语的运用和体现获得的权力，体现为对外影响力、控制权。国际话语权，即一国由话语产生的权力，能产生改变他人、他国的思想和行为的作用效果，因此，国际话语权是一个国家发展实力强弱的基本表征和重要标识，成为当今世界各国关注和争夺的焦点，成为各国在国际舞台上彰显自身实力的重要方式和路径。随着第三次科技革命的影响日益深入，国际竞争方式悄然发生变化，除传统意义上的经济、军事、科技等方面的硬实力外，以文化价值、意识形态等为核心的软实力成为国际竞争的重要因素，软实力的竞争隐于无形但杀伤力巨大，被誉为"没有硝烟的战争"，软实力竞争主要涉及与一国的文化认同力、文化影响力相关的多方要素，如文化意识形态、制度、外交道义和国际规则制定等，但是其中影响巨大的是一个国家的国际话语权，一个国家能不能拥有一定的国际话语权，在国际上具有一席之地是软实力竞争的重要内容，成为综合国力竞争的重心。这种局面的形成与国际格局的变化、国际关系的变动密不可分。冷战结束后，国际社会权力结构中以军事为主导的权力等硬实力相对下降，相应地，随着时代的发展，经济、科技、文化等因素的权力重要性上

升，国际话语权的竞争开始大行其道，围绕国际话语权展开竞争，成为国际竞争的焦点。

从历史的角度看，经过一百多年的发展，中国从根本上解决了"挨打"和"挨饿"问题，当前困扰我们的是"挨骂"问题。在西方国家掌控国际话语格局的背景下，中国形象通常是"他塑"，被妖魔化、污名化的言论所扭曲，真实的中国并不为世界所了解。提升中国国际话语权，打破西方话语霸权的压制，不仅是为了与我国综合国力相匹配，而且是形塑和展示中国良好国际形象，谋求中华民族伟大复兴的良好外部环境和条件的内在需要。

进入新时代，在应对错综复杂的国际国内环境，推动全球治理体系变革中拥有稳固的国际话语权成为在世界思想文化交流、交融、交锋日益频繁背景下，在国际竞争中赢得主动权的重要砝码。就中国而言，如何处理与外在世界的关系、回应外在世界的质疑和挑战、保障自己在国际社会的合理利益，是中国提升国际话语权的重要动因。近年来，随着中国综合国力国际排名的上升，国际话语权呈现上升的趋势，比如，朝核问题的处理、世界银行的发言权和国际货币基金组织的投票份额、在人权领域的对话与合作方面，体现出中国力量增强国际话语权的作用。但整体而言，作为一个后发的发展中国家，中国在国际话语体系中处于相对边缘的状况没有根本改观。近年来随着"中国威胁论""中国崩溃论"的论调不断炮制，中国需要发出自己的声音，让世界更好地了解中国，提升中国国际话语权的任务尤为紧迫。

第二章 提升中国国际话语权的生成逻辑

十九大明确了中华民族"强起来"的历史站位,其重要内涵之一就是"强"外交,建设中国特色的社会主义大国外交成为新时代外交工作的重要使命和目标。"强"外交需要"强"话语,国际话语权问题成为当前中国特色社会主义大国外交首要的、突出的问题。二十大报告明确中国式现代化的五大特色,其中之一是走和平发展道路的现代化,中国式现代化实现了对西方式现代化的超越,摈弃了传统国际关系对立对抗的冷战思维,一些国家的发展是以另一些国家的牺牲为代价的零和博弈,中国"高举和平、发展、合作、共赢旗帜,在坚定维护世界和平与发展中谋求自身发展,又以自身发展更好维护世界和平与发展"[1],强调中国式现代化的本质要求是"推动构建人类命运共同体,创造人类文明新形态"[2],赋予新时代提升中国国际话语权中国式现代化内涵与特色,并为提升中国国际话语权提供了目标、路径和方法指导。

从我国当前实际看,随着我国硬实力的提升,中国文化软实力显著增强,中华文化"走出去"迈出更大步伐,在国际上有了一定的话语权,但还不够"强",话语影响力还远远不够,话语空间还较为狭小,在应对外部世界质疑和挑战、阐明自身发展道路的正当性、构建话语认同度和感召力方面还有很长的路要走。

---

[1] 习近平.高举中国特色社会主义伟大旗帜 为全面建设社会主义现代化国家而团结奋斗:在中国共产党第二十次全国代表大会上的报告[EB/OL].中华人民共和国中央人民政府,2022-10-25.

[2] 习近平.高举中国特色社会主义伟大旗帜 为全面建设社会主义现代化国家而团结奋斗:在中国共产党第二十次全国代表大会上的报告[EB/OL].中华人民共和国中央人民政府,2022-10-25.

当前，话语霸权仍由西方发达国家把控，在国际关系和国际事务中，中国能否有效捍卫自身的合理权益，取决于自身国际话语能力和话语权的提升。必须看到，经济全球化推动世界经济一体化发展的同时，做大"蛋糕"和分好"蛋糕"同样迫切，公平公正问题不容忽略，发展失衡、治理困境、数字鸿沟、公平赤字等问题也客观存在，推动全球治理体系的变革，建立公平公正的国际政治经济新秩序刻不容缓。习近平总书记在2023年中华人民共和国第十四届全国人民代表大会第一次会议上的讲话中再次强调中国推动构建人类命运共同体"始终站在历史正确一边，为世界和平发展增加更多稳定性和正能量，为我国发展营造良好的国际环境"[1]，阐明中国特色大国外交的中国立场，为提升中国国际话语权提供了理论指导和实践指南。

国际话语权是全球化时代民族国家"话语空间"走向开放、话语格局和话语秩序剧烈变动下，世界各国非均衡发展的产物，是全球化时代国家综合实力的重要表征。中国共产党人敏锐地把握全球化发展趋势，在深刻总结我国社会主义外交经验的基础上，以马克思主义唯物史观为理论武器，创造性地继承发展了马克思世界历史理论关于社会发展规律和世界发展未来的科学论断，坚持发展马克思精神生产理论，在新时代"强起来"的伟大实践中形成提升中国国际话语权的战略部署。中国共产党人开辟了中国特色社会主义大国外交的新思路、新道路、新境界，体现

---

[1] 向着强国建设、民族复兴的宏伟目标奋进！——国家主席习近平在十四届全国人大一次会议闭幕会讲话侧记[N]. 人民日报，2023-03-15（1）.

<<< 第二章 提升中国国际话语权的生成逻辑

了其高度的理论自觉和责任担当，为世界提供了全球化时代民族国家如何增强话语权、平等参与国际交流与合作的中国方案和中国智慧，是对人类命运共同体理论的丰富和发展，对于推动全球治理体系变革，构建合作共赢的新型国际关系具有重要意义。

　　国际话语权是国家综合实力的重要组成部分和大国战略博弈的重要战场，在信息时代具有更为特殊的含义，通常成为民众评判得失输赢的重要标准。从历史经验来看，一国话语权提升是以经济实力增强为基础性条件，随着经济实力的不断增强，话语权不断提升，但是话语权的提升也不是自然而然的，即不是天然形成的。时至今日，中国经济总量位居世界第二，但由于"西强我弱"的结构性弱势，提升中国国际话语权必须主动而为、积极塑造，作为西方话语重点打压的对象，中国提升话语权任重而道远，在后真相时代和话语多极化时代，提升中国国际话语权更需要创新形式，运用新兴媒介，在网络传播话语和传播技术更新方面发力，因事而化、因时而进、因势而新，增强中国话语主导权。

第三章

提升中国国际话语权的内涵、目标与结构

国际话语权是一个国家综合实力的重要体现，影响着其国际地位和国际影响力的提升。随着中国综合国力的增强和国际地位的提高，提升国际话语权，积极宣传中国声音，成为新时代在国际社会中发展的现实需要。习近平总书记多次提出提高中国国际话语权问题，国际话语权建设研究也成为学界研究的一个热点，形成对新时代中国特色社会主义发展在国际层面的理论回应。就现有的研究看，国际话语权的内涵界定并未达成统一认识，也不系统。深入研究阐释中国国际话语权的基本内涵，解析其话语体系和话语结构要素，是提升中国国际话语权的基础和前提。

第一节 国际话语权的内涵

一、话语与话语权的概念与内涵

（一）话语

马克思、恩格斯指出，"语言是一种实践的、既为别人存在

因而也为我自身而存在的、现实的意识"①，强调话语生成于实践，反映社会存在，是物质实践的产物。列宁指出，话语是主观性和客观性的有机统一，不是虚幻的、空洞的存在，而是依托于现实的社会基础。唯物史观视域中的话语强调其实践性和现实性，从话语生成的角度阐明话语生成的一般规律和基本条件，为理解话语内涵及其特性提供了科学的方法论指导。

"话语"（discourse）一词来源于拉丁语"discursus"，一般译为"演讲、讲述、交谈、话语"等，其最初是一个纯粹的语言学概念，后续延伸出的话语权、话语权力等概念已经被社会学、心理学、传播学、国际关系等学科引入。话语最早可追溯到语言学之父弗迪南·德·索绪尔（Ferdinand de Saussure）所提出的"言语"（parole）概念。索绪尔认为，"语言"是言语活动的一个确定的、首要的环节，"既是言语机能的社会产物，又是社会集团为了使个人有可能行使这一机能所采用的一整套必不可少的规约"，而"言语"则是为达到传播目标而对语言的实际使用，是"至少发生在两个人之间的行为"。②苏联思想家米哈伊尔·巴赫金（M. M. Bakhtin）进一步拓展了话语的概念，他指出话语是独特的意识形态符号。话语作为必不可少的成分，伴随着整个一般意识的形

---

① 中共中央马克思恩格斯列宁斯大林著作编译局. 马克思恩格斯选集：第1卷 [M]. 北京：人民出版社，2012：161.

② 索绪尔. 普通语言学教程：索绪尔第三度 [M]. 张绍杰，译注. 长沙：湖南教育出版社，2001：20.

态创作。① 巴赫金将话语与意识形态联系起来，对后来福柯所厘清的话语权力关系有所揭示。罗兰·巴特（Roland Barthes）的泛符号化理论发展了索绪尔的符号学，对意指、转喻、换喻等概念进行了解读，从而将话语与环境、符号与意识形态从技术操作的层面完全联系了起来。

对话语理论贡献最大的是法国思想家福柯，他将"话语"从语言学的视角延伸到了政治学。他在《知识考古学》中阐述："所谓'知识'，是由'一种话语实践按照一种有规律的方式建筑的一组因素'，没有话语实践，就没有知识。"② 从而将话语与知识联系起来。福柯认为，知识或者把它叫作"历史前提"，它决定着一个时代的话语模式，包括人的认知、理解和接受方式。这种理解和阐释，使"话语"这一概念本身的复杂性和多义性充分展露出来，并把它与知识、意识形态等结合起来，以完整的理论体系来支撑他对"话语"的论述。1970年，福柯在其就职演说《话语的秩序》中，首次提出"话语即权力"这一著名命题，将话语的意义延伸出传统的沟通和交流层面，置于权力理论之中。"话语是权力，人通过话语赋予自己以权力""话语乃是必须控制的力量"，因为其"与欲望及权力的联系"。③ 话语与权力相联系为"话语权"概念的发展与相关研究提供了可能。"话语即权力"正式将话语分析融入更加政治化的领域，引入了权力概念，从而开启

---

① 巴赫金. 巴赫金全集：第2卷［M］. 钱中文，译. 石家庄：河北教育出版社，2006：348.
② 刘北成. 福柯思想肖像［M］. 上海：上海人民出版社，2001：206.
③ 许宝强，袁伟. 语言与翻译的政治［M］. 北京：中央编译出版社，2000：3.

第三章 提升中国国际话语权的内涵、目标与结构

了由话语/知识的静态分析转向权力/知识的动态分析模式。福柯认为，话语权是通过知识的传播得以运作的，并通过语言的运用而得以实现。"权力产生知识，权力和知识是相互指涉的"，从而将话语—知识—权力三者形成了连接。福柯把对话语的研究作为微观权力研究的入口，因为话语产生的权力是能通过话语的表达渗透在整个社会中的无所不在的存在。简言之，福柯的话语权力思想，其主旨在于在特定的历史时期之内，话语言说者所建构的一套社会规范，其隐含的权力意义，对言说者可能造成的影响。可见，话语只是各类陈述的集合，只有经过情节编织才产生意义。

（二）国际话语权

国际话语权进入人们的视野是伴随着国际关系及国际关系学的发展而出现的。冷战结束后，随着军事等硬实力主导性的下降，文化等软实力的影响力上升，国际话语权问题凸显出来。目前关于国际话语权内涵的认识，从新闻传播学视野来看，认为国际话语权与舆论主导权或者话语主导权等概念相类似；从事项安排和制度要求出发的"权利争夺说"来看，认为是国家利益的斗争，如梁凯音认为，"国际话语权"是指以国家利益为核心，就社会发展事务和国家事务等发表意见的权利。而有学者从意识形态的角度，侧重从价值观来思考国际话语权强弱及其来源。此外，还有从对外交流的角度，提出国际话语权反映的是不同主体对国际关系事实的建构能力，从话语体系建构的视角，突出话语体系对话语权的影响。这些研究丰富和拓展了国际话语权研究的

内涵和外延。

那么，何为国际话语权？从一般的意义上讲，国际话语权是指作为行为体的话语在国际社会所具有的影响力和支配力。随着软实力进入人们的视野并成为国际竞争的重要内容，国际话语权也日益成为软实力的重要标志，最早提出软实力的约瑟夫·奈认为，信息时代，话语是软实力的货币，强调了话语之于软实力的时代价值和功用。从软实力的角度界定，国际话语权体现为基于国家利益和需求，国际行为体通过话语表达和传递，对其他行为体施加影响的能力。这种影响能力不一样，造就了不同行为体的国际话语权有强弱之分，一定程度上也形成了软实力的国家差异。按照所属领域不同，国际话语权可分为政治话语权、经济话语权、文化话语权、生态话语权等；按照组织结构可分为政府话语权、非政府组织话语权、企业话语权、媒体话语权、个人话语权等。无论何种划分，其核心逻辑为在国际关系领域，通过争取对国际事务主导、对国际标准制定、对国际舆论控制的话语权以维护国家自身利益和国际社会的共同利益。

关于国际话语权的构成，陈正良从话语者、话语内容、话语对象、话语方式、话语平台和话语效果等方面进行了建构，并认为话语代表主权国家的根本利益，因此话语主体是主权国家。从话语内容看，以领域划分为国家政治、经济、军事、文化、生态等，依据权力结构划分则包含制度、媒体、学术、文化、民间等多层面。吴贤军认为"在国际话语权内容的各个方面中，处于最核心地位的是话语主体的文明价值和精神理念，中国国际话语权就是由当代中国的价值观念贯穿始终的"[1]。在话语对象上，陈正良认为，与国家话语权不同，国际话语权具有对他性，即其他行为体和公众，二者有着明显的界限。话语方式和话语平台对话语效果的产生也凸显出越来越重要的作用。从上述研究可以看出，国内学术界对中国国际话语权的研究形成了具有前瞻性的理论成果，为丰富提升国际话语权的理论研究做出了重要贡献。但就目前来看，对话语权或国际话语权维度的研究还缺乏系统性论述，需要进一步提炼、提升。

综上，国际话语权是指一个国家在国际社会中有权力表达涉及国家利益和其所承担国际义务的具体主张，并且这些主张能够在国际社会中发挥影响力和引导力，取得国际社会的价值共识和理念认同。提升中国国际话语权是通过中国特色社会主义理论探索、实践发展、建设成就和基本经验等方面的精准表达和学理阐释，发出中国声音，讲好中国故事，将中国道路有效传递给世界，提升中国的国际影响力和作用力。

第二节　提升国际话语权的原则要求与发展方向

国际话语权之争实质上是国家利益和国际政治权力的竞争，

---

[1] 吴贤军. 中国国际话语权构建：理论、现状和路径［M］. 上海：复旦大学出版社，2017：21.

伴随着西方主导的国际政治体系的确立，西方牢牢掌控着全球话语权，世界话语的权力格局和力量对比呈现极不平衡的状况。他们操控着世界话语体系和评价标准，戴着有色眼镜苛责与自己不一样的发展模式和发展道路，动辄指斥中国的发展，贬低中国集体主义价值观。同时，随着中国特色社会主义进入新时代，我国国际话语权与我国的国际地位提升诉求与需求日益紧迫，中国特色社会主义的制度优势尚未转化为话语优势，提升国际话语权成为中国特色大国外交的基础和前提。

一、立足马克思主义中国化的最新理论成果，提升话语供给力

近代以来，国家蒙辱、人民蒙难、文明蒙尘，为解决中国现实问题，各阶层进行了各种探求实践，但并未根本转变中国社会面貌和社会状况。20世纪初十月革命一声炮响，马克思主义传入中国，历经了新文化运动的中国人开始由西方转向东方，选择了马克思主义并以此为改造中国的思想武器，翻开了翻天覆地改造旧世界、建设新世界新篇章。这一进程，充分体现了历史和人民选择了马克思主义的逻辑。从那时至今，经历了革命和建设、改革开放，中国社会发生了历史性巨变，进入新时代，中国特色社会主义继续书写辉煌历史，中华民族迎来了从站起来、富起来到强起来的伟大飞跃，中华民族伟大复兴进入了不可逆转的历史进程。习近平总书记在庆祝中国共产党成立100周年大会的重要讲话中指出，中国共产党为什么能，中国特色社会主义为什么好，

归根结底是因为马克思主义行！① 百年历史轨迹充分证明，中国共产党坚持以马克思主义科学理论为指导，把马克思主义基本原理同中国具体实际相结合，找到了中国自己的革命道路、建设道路，找到了经由改革开放走上的中国特色社会主义发展道路，形成了马克思主义中国化的理论成果。2016年，习近平总书记在哲学社会科学座谈会上的讲话中提出："坚持以马克思主义为指导，是当代中国哲学社会科学区别于其他哲学社会科学的根本标志，必须旗帜鲜明加以坚持。"② 马克思主义中国化的理论成果是中国国际话语权提升的理论来源和基石，推动了国际话语权提升的内涵建构，首先是马克思世界历史理论，其次是马克思共同体理论。其核心话语如中国式现代化、人类文明新形态、全过程人民民主、文化自信，等等。以中国式现代化为例，与西方现代化不同，中国式现代化走了一条从中国实际出发，符合中国国情的社会主义现代化之路，这条发展道路是以马克思主义为指导，与中国自己传统文化相契合，被实践证明是可行的，开辟了人类现代化新路。中国式现代化之路涵盖中国特色的政治现代化、经济现代化、文化现代化、社会现代化，形成了独特的发展模式和发展理念，这是提升中国国际话语权的底气和来源。

---

① 习近平：在庆祝中国共产党成立100周年大会上的讲话 [EB/OL]. 求是网，2021-07-15.

② 郭广银. 中国特色哲学社会科学必须以马克思主义为指导 [EB/OL]. 求是网，2021-05-11.

二、立足中国特色社会主义事业的伟大实践，提升话语吸引力

中国国际话语权源自中国特色社会主义现代化的客观实践，并随着中国特色社会主义事业的伟大成就而不断提升。只有充分诠释中国特色社会主义的价值功能、制度优势和实践成就，才能做到"讲好中国故事，传播好中国声音，阐释好中国特色"，提升话语吸引力。新中国成立70年来，中国共产党领导中国人民创造了两大奇迹，经济快速发展和社会长期稳定，举世关注，推动了百年世界视野从"向西看"到"向东看"的转变。改革开放以来我国经济实力、科技实力、国防实力、综合国力等均进入世界前列，推动我国国际地位实现前所未有的提升。中国成为世界第二大经济体、制造业第一大国、货物贸易第一大国、商品消费第二大国、外资流入第二大国，我国对世界经济增长的贡献率近1/3。

2023年习近平总书记在文化传承座谈会上的讲话中提出建设中华现代文明，为新时代文化建设指明了发展方向。贯彻"两个结合"，以马克思主义为灵魂，以传统文化为根魂，不断增强文化自信，坚守文化主体性，推进中华现代文明建设是新时期党的文化使命，也是传播中国国际形象，提升中国国家话语权的基础和前提。

三、立足中国特色社会主义的独特优势，提升话语竞争力

提升中国国际话语权，改变"弱"话语权状态，强话语是关

第三章　提升中国国际话语权的内涵、目标与结构

键，体现在话语输出上，既要全面提升，更要重点突出，着力聚焦中国特色社会主义的独特优势，将其转变为话语优势，提升话语竞争力和认同感。习近平总书记在《关于〈中共中央关于制定国民经济和社会发展第十四个五年规划和二〇三五年远景目标的建议〉的说明》中指出："我国有独特的政治优势、制度优势、发展优势和机遇优势，经济社会发展依旧有诸多有利条件，我们完全有信心、有底气、有能力谱写'两大奇迹'新篇章。"[①]首先是独特的政治优势，"办好中国的事情，关键在党"。中国共产党的领导是我们最大的政治优势：坚持马克思主义为指导，以马克思主义中国化最新成果为行动指南，为党和国家指明了发展方向；崇高的政治理想和政治信念，百折不挠的革命意志和斗争精神是奋勇前进的强大精神动力。全国一盘棋，集中力量办大事，是国家效能的重要保证。坚持人民当家做主，保持与人民群众的血肉联系，依靠人民推动国家发展是党永葆生机和活力、带领人民群众走向新的胜利的根本所在。对于提升国际话语权来讲，主要要讲清这些政治优势的来源，以及中国特色社会主义的制度优势。世界上没有哪种制度能够阻止灾难的发生，但是优越的制度有利于防范和应对灾难，成功应对世界金融危机、新冠疫情等实践进一步彰显优越性。既要讲清楚中国特色社会主义的制度优势，还要讲明白其世界意义，即对其他国家的借鉴意义：对发展中国家而言，中国的实践为其提供了一个实现现代化模式，对世界上其

---

① 明理.切实抓住并用好"五个战略性有利条件"[EB/OL].新华网，2022-04-25.

他社会主义国家而言，中国的实践表明社会主义没有定于一成不变的套路，只有把科学社会主义基本原则同本国实际历史文化传统紧密结合起来，不断探索，才能实现美好蓝图。对发达国家而言，中国式现代化模式的成功，给西方国家深刻反思资本主义现代化模式的局限性提供了素材，从而为推动构建人类命运共同体提供了可能。

四、立足哲学社会科学的发展与新科技革命提供的技术平台，提升话语传播力

多年来，中国话语的国际传播存在一个尴尬问题：说了传不开。为什么传不开？从传播主体来看，重要原因是"如何说""如何传"两个环节出了问题，主要涉及话语表达和话语传播两方面，话语叙事是不是准确地表达了中国故事，传递了中国声音？话语表达是不是考虑到传播链条的受众的特点和需要？解决上述问题，一方面，需要立足中国哲学社会科学各学科的新发展，借助网络等新的技术形式，更好地提炼中国实践，讲好中国故事，阐释好中国特色，从学理上阐释好中国故事的历史逻辑、时代逻辑、理论逻辑和现实逻辑。理论阐释言之有物，闻之可信，行之有效，实现科学性与价值性，理论性与实践性的有机统一，实现国际话语权的内涵提升。另一方面，在传播内容和传播方式上，建构起对外话语传播体系，针对不同受众的具体情况，选取不同的传播内容，综合运用多种传播方式，借助网络平台的建构和依托网络技术的进步，创新传播手段和方式，推动对外话语传播渠道的流畅，更好地传播中国故事。

五、立足构建人类命运共同体的使命担当和实践，提升国际话语影响力

世纪之交，世界面临着越来越多风险和挑战，提出了人类怎么了、人类向何处去的世纪之问。习近平总书记提出了构建人类命运共同体的中国方案，以建设持久和平、普遍安全、共同繁荣、开放包容、清洁美丽的世界为努力目标，以推动共商、共建、共享的全球治理为实现路径，以践行全人类共同价值为普遍遵循，以推动构建新型国际关系为基本支撑，以落实全球发展倡议、全球安全倡议、全球闻名倡议为战略引领，以高质量共建"一带一路"为实践平台，为人类社会共同发展、长治久安、文明互鉴指明了正确方向、做出了重要贡献。构建人类命运共同体是习近平外交思想的核心理念，凸显了历史大势、人心所向，体现了全球化背景下中国共产党人将民族性和世界性有机统一起来的实践观和方法论。而今，人类命运共同体已由中国倡议扩大为国际共识，从美好愿景转化为丰富实践，从理念主张发展为科学体系，越来越多的国家认识到世界命运应该由各国共同掌握，人类未来需要全球携手创造。"万物并育而不相害，道并行而不相悖"，构建人类命运共同体是世界各国人民前途所在，是应对全球性问题的中国方案，昭示了中国提升国际话语权的话语前提和价值内涵，体现了中国特色大国外交的世界担当，随着中国声音的广泛传播和中国方案的进一步落实，必将极大提高中国国际话语影响力。

第三节　中国提升国际话语权的结构

提升国际话语权既是一种战略，更是一种实践。结合当前国际话语格局的特点和中国国际话语权的现状，从理论和现实两种语境，探究并厘清新时代提升中国国际话语权的结构，增强提升国际话语权系统性、规律性认知，有利于在构建方式上找到突破点，对于抓住提升中国话语权的把手，有效规避建构与传播过程中可能陷入的误区，进而提升中国的国际话语权具有重要意义。应对"两个大局"下国际环境错综复杂的形势，从中国实际和国际话语格局出发，提升中国国际话语权生发出新的话语结构，深入研究提升中国国际话语权的内在框架结构与外在权力结构有助于厘清其运行逻辑，对新时代提升国际话语权的构建工作起到积极作用。从话语权生成性的角度，本研究着力从话语生产、话语传播和话语实践三个维度，从价值、资源、学理、叙事、传播、实践等方面建构起提升中国国际话语权的结构体系，助力提升中国国际话语权的理论与实践。

一是话语生产维度。这一维度主要包括话语生产主体、主题、价值逻辑、学理阐释、资源选取、叙事方式等。

首先，话语主体。话语生产主体是指承担国际话语传播、诉说、构建工作的一类"从事实际活动的人"，是通过社会劳动、生产、交往等形式来维系国际关系的具体、完整的"人",可以是个人、群体、组织。从话语生产主体来看,按不同的划分标准,可分为政府主体和民间主体、学界主体和大众主体、纸媒主体和网络媒体。此外,也涉及政策制定、文件传输、舆论把控等较为复杂的各类主体。在信息时代,国际环境更为复杂的国际话语环境下,话语生产主体更趋于多元化,地球一个角落发生的事情在几秒钟之内就能传遍全球,这样的话语语境对话语生产的要求不断提升,更快、更好、更有效的话语生产呼之欲出,这就对话语生产主体的阐释能力与时效提出更高要求。在国际话语维度,政府和政策的影响通常较为关键,制度优越性体现得较为充分。但是这种优越性如何化为理论优势,上升到话语优势,则需要学界主体学理维度的话语阐释,改变一度存在的"说了传不开"的国际话语窘境。

其次,从话语素材来看,中国国际话语权影响力的提升最核心的是要把制度优势、理论优势、道路优势、文化优势转化为话语优势,进而增加话语接受度和话语认同度,这就要求话语生产要以改革开放以来中国特色社会主义理论总结和实践成就为主题,围绕中国特色社会主义理论体系道路的制度文化展开,重点讲述中国特色社会主义理论创新和实践创新,讲解马克思主义中国化、时代化的生动故事。话语价值叙事方式需讲清楚相同与不同,特别是不同,要在用国际话语受众能接纳的方式将不同融入共性的前提下,凸显其特色特质,以更有效达成共识和认同。

再次,话语的价值逻辑。话语是一种文化形式的体现。话语生产离不开一定的话语环境和话语实践，任何话语都是在一定的物质生产基础和一定的社会生产关系中产生，在社会存在和社会意识的辩证运动中发展，必然反映和体现着一定社会价值规范和诉求。提升中国国际话语权的话语生产，首要的是形成以社会主义意识形态为核心的话语生产价值体系。在当代中国，坚持马克思主义在意识形态领域的指导地位，坚持马克思主义执政党在意识形态建设中的话语创新权和统领权，以社会主义先进文化凝聚价值共识，以社会主义核心价值观和核心价值体系引领话语生产，从价值维度夯实提升中国国际话语权的话语根基，增强中国共产党国际话语体系建构权和发言权，及话语引导权、主动权、管理权，以广泛政治认同增强话语引导力、感召力、凝聚力和影响力。

最后是话语内容。这是话语生产的核心。话语内容要素是提升国际话语权的逻辑基础，它作为整个国际话语理论的核心体系，主要解决"说什么"的问题，关涉"说得如何"的效果问题，话语主体、话语受众、话语载体、话语传播、话语环境都要建立在这一问题上来检验话语效果。国际话语权的话语内容决定了话语主体与话语对象之间能否达到高度契合；优质的话语阐释能间接优化话语载体介质、扩大话语传播范围、净化话语空间环境；当话语内容能串联话语主体与客体之间的需求，并达到思想共鸣时，就能呈现出惊人的话语效果。从话语内容结构看，主要由话语体系、话语议题设置、话语主旨等构成，其中话语体系是支撑整个权力机构的中心支柱，由思想体系和知识体系组成；话语议题设置是话语体系下的分支,是大众传媒在一些议题上突出强调的关心度,主要是为获取网络话语受众的注意而存在,要能充分反映人民的价值取向和时代需求,能集中整合国家主流意识形态的话语资源。2016年5月17日,习近平总书记在哲学社会科学工作座谈会的讲话中指出,"发挥我国哲学社会科学作用,要注意加强话语体系建设"①,强调学理维度话语阐释的重要性,建构起中国特色社会主义哲学社会科学话语体系,做到有理有据,为话语传播提供理论资源和学理基础,为提升国际话语权提供理论依据。从话语内容领域来分,国际传播的话语具体内容涉及经济、政治、文化、社会、生态、外交、安全等多维度,话语传播要以马克思主义中国化、时代化的最新成果为指导,以当今中国特色社会主义理论与实践成就为基础,围绕中国式现代化、中华现代文明建设、全过程人民民主、人类命运共同体等主题话语,核心目标在于形成具有"中国风格"的话语表达与传播格局,立足中国式现代化发展大局,充分发挥中国特色社会主义话语体系的价值效能,话语表达以"客观反映,正面宣传""围绕中心,服务大局""成风化人,凝心聚力""连接中外,沟通世界"为原则。

二是话语传播维度。传播是国际话语权得以生成的重要环节,只有通过传播介质才能实现对外话语传递和情感映射,才能产生话语影响力、塑造力,从而实现"说得出、传得开、叫得响",才能在国际关系较量和博弈中占据话语优势。国际话语传播能力决定话语权在国际领域的扩展,是国际社会对中国声音了

---

① 习近平. 习近平谈治国理政:第二卷[M]. 北京:外文出版社,2017:346.

解和认知的关键所在，尤其是互联网浪潮推动世界传播速度，加强了影响全球舆论的能量，使传播能力的重要性更加凸显。话语传播维度主要包括话语叙事、议题设计、话语载体、话语传播、话语媒介、话语方式、话语效果等。该维度通过系列话语传播流程，实现话语有效传播。"说了传不开"的话语现象背后实际上折射出话语传递、传输效果不好，话语传播不对称，话语传输没有在话语生产者和话语受众之间架构起桥梁，或者说桥梁不稳固。话语叙事是近几年学者较为关注的话题，包含叙事主题、话语矛盾、话语空间、话语值维度的话语根基。

话语媒介是国际话语传播的载体。构建话语媒介是提升中国国际话语权的重要方式。话语媒介包括文本媒介、影音媒介、网络媒介等。提升中国国际话语权的文本媒介包括马克思主义中国化理论成果的著作译本、重要会议和政策文本、党和国家领导人在国际社会上的讲话及涉及的文本。影音媒介包括电视、纪录片、电影等。网络媒介主要是互联网以及包含互联网的新媒体。习近平总书记提出推进"尊重网络主权""维护和平安全""促进开放合作""构建良好秩序"四大原则的全球互联网治理体系变革，构建"加快全球网络基础设施建设，促进互联互通""打造网上文化交流共享平台，促进交流互鉴""推动网络经济创新发展，促进共同繁荣""保障网络安全，促进有序发展""构建互联网治理体系，促进公平正义"等要求的网络空间命运共同体。① 微博、论坛、微

---

① 国务院新闻办公室.发布《携手构建网络空间命运共同体》白皮书[N].人民日报，2022-11-08（14-15）.

>>> 第三章 提升中国国际话语权的内涵、目标与结构

信、BBS等构成中国国际话语的重要媒介,网络上的《人民日报》《光明日报》等海外版报纸构成了中国国际话语对外传播的重要路径。话语方式是话语流动的重要依托,话语方式就如同桥梁,好的话语方式能够建构起话语主体和话语受众之间沟通畅达。

话语方式主要包含两方面要素,一方面是国内的话语方式。在这个维度,话语方式要考虑国内受众的文化心理特点和文化需求,采取合适的、人民群众能接纳和喜爱的方式,实现国家话语认同和政治认同。网络环境下,要充分利用网络文化优势,推动中国特色社会主义的话语创新。另一方面是国外的话语方式。通过建构对外话语体系、创新话语传播方式,推动话语的海外传播。国际话语源于正在变化的中国实践和国际现实,话语的诠释和创新要求"真实";而国际话语的传播要求广泛、及时、有效,追求话语传播的"效果"。

三是实践维度的话语支撑。话语建立在经验性基础之上,具有生命力的话语体系是对鲜活实践的呈现和表达。马克思主义认为"思想、观念、意识的生产最初是直接与人们的物质活动,与人们的物质交往,与现实生活的语言交织在一起的。人们的想象、思维、精神交往在这里还是人们物质活动的直接产物。表现在某一民族的政治、法律、道德、宗教、形而上学等的语言中的精神生产也是这样"[①],强调了物质生产对精神生产的决定性作用,精神生产离不开物质生产的实践。作为人类精神生产的产物,话

---

① 中共中央马克思恩格斯列宁斯大林著作编译局. 马克思恩格斯文集:第1卷[M]. 北京:人民出版社,2009:524-525.

语的建构要以物质实践为支撑，并且反映物质生产的实践。植根于现实实践，反映和表达现实诉求的话语才是话语生命力所系，活力所在。历史地看，中华民族伟大复兴的历史征程上，中国共产党人经过长期探索，经历了"以苏为师"到"以苏为鉴"的历史过渡，经历了高度集中的计划经济体制到市场经济体制的过渡，通过改革开放完成了市场经济与社会主义制度的结合，创立了具有中国特色的社会主义现代化道路。新中国成立后，我国用短短几十年的时间创造了经济发展和社会稳定"两大奇迹"，从宏观角度精准描述了中国特色社会主义建设取得的历史性成就，集中体现了中国特色社会主义的制度优越性和历史优越性，彰显了中国式现代化的特色和优势。我国现代化发展在世界现代化发展中成效显著，这是科学社会主义在中国的成功实践，体现了历史客观性与人民主体性相统一、科学社会主义原则与中国社会实际相统一、道路建设的实践性与道路发展的开放性相统一。

习近平总书记在二十大报告中指出："实践告诉我们，中国共产党为什么能，中国特色社会主义为什么好，归根到底是马克思主义行，是中国化时代化的马克思主义行。"[1]深刻揭示了百年来中国革命、建设、改革开放和新时代发展的内在逻辑，这是来自实践的规律总结，也是当代中国提升国际话语权的底气和自信。提升国际话语权必须基于中国特色社会主义的成功实践，向世界展示中国式现代化和中国道路的强大势能。中国共产党立足自身

---

[1] 习近平.高举中国特色社会主义伟大旗帜　为全面建设社会主义现代化国家而团结奋斗：在中国共产党第二十次代表大会上的报告［EB/OL］.中华人民共和国中央人民政府，2022–10–25.

国情积极探索独立自主的现代化之路，今天的中国已成为世界第二大经济体，是世界第一大工业国、货物贸易国、制造业国、外汇储备国，形成了全球规模最大、最具成长性的中等收入群体；长期保持经济高速增长，2023年经济总量达1260582亿元，经济增量超6万亿元，经济增长率居世界前列，是世界经济增长的第一动力；坚持以人民为中心的发展路径，彻底消除绝对贫困，全面建成小康社会，为全球减贫事业做出巨大贡献，创造了中华民族发展史的恢宏篇章；科技创新能力显著增强，部分关键核心技术实现重大突破，全球创新指数排名11位；提出并推动人类命运共同体的建构，为人类走向更美好的未来提供了中国方案和中国经验。中国式现代化成就举世瞩目，为提升国际话语权提供了最有说服力的话语基础。提炼中国现代化实践的历史经验和思想智慧，为建立国际话语体系打下坚实基础，向世界阐释好中国式现代化创造的人类发展奇迹，展示中国式现代化发展的经验范式和新式图景，突出中国式现代化的世界意义，是提升中国国际话语权的重要主题。

　　当前，中国式现代化道路建设进入了全面建成社会主义现代化强国的历史征程，面对新形势、新任务、新挑战，需要强大的精神动力与民族合力，需要国际认同和合作。彰显中国式现代化道路的"中国风格"，要充分发挥中国特色社会主义话语体系的价值凝聚力，弘扬我国现代化道路建设的主旋律、正能量，宣传中国人民的伟大奋斗精神与伟大团结精神，为中国式现代化道路发展提供力量支持。

第四章

提升中国国际话语权的话语之维：
以内涵式提升夯实基石

"一个民族要想站在科学的最高峰，就一刻也不能没有理论思维。"[①] 提升中国国际话语权不仅是一种战略，更是一种实践，需要科学理论指导与引导规划，才能在纷繁复杂的国际事务中得以实现。党的十八大以来，习近平总书记在总结世界历史发展进程中的国际关系特点和中国特色社会主义发展经验教训的基础上，就提高中国国际话语权的问题发表了系列重要论述，形成了以"讲好中国故事"为主题的"提高国际话语权"的"内涵建构"，以加强话语体系建设为主要战略方案的"提高国际话语权"的"路径建构"，彰显了经济全球化语境下中国共产党人对探求国家与世界前途命运的历史使命的自觉担当，对于在国际上响亮地发出中国声音，实现中国话语崛起提供了重要的理论指导和实践指南。

---

① 中共中央马克思恩格斯列宁斯大林著作编译局. 马克思恩格斯选集：第3卷 [M]. 北京：人民出版社，2012：875.

第四章 提升中国国际话语权的话语之维：以内涵式提升夯实基石

第一节 "讲好中国故事"：提高国际话语权的内涵要义

2013年8月习近平在全国宣传思想工作会议上的讲话中提出"讲好中国故事，传播好中国声音，增强在国际上的话语权"[①]。2014年10月23日习近平总书记在《当前工作中需要注意的几个问题》讲话中，庄严宣布中国"现在有底气、也有必要讲好中国故事"，并进一步阐明"讲好中国故事"的深厚历史根基和现实根基。此后"讲好中国故事""讲故事""中国故事"密集出现，成为习近平在不同场合重要讲话中的高频词。对习近平在2014—2016年的讲话和报告涉及国际话语权的问题进行研究，可以发现他多次强调"着重讲好中国故事"，并始终将"讲好中国故事"作为提高国际话语权战略部署的重要内容和主要着力点，体现了习近平提高国际话语权论述的核心内涵、逻辑主题及战略重心。从其形成逻辑来看，"讲好中国故事"是"传播好中国声音""阐释好中国特色"的基础和前提，只有讲好了"中国故事"，才有可能传播好"中国声音"，"中国声音"体现和渗透于"中国故事"中，"中国声音"只有通过讲好"中国故事"才能正确传达给世

[①] 中共中央文献研究室. 习近平关于社会主义文化建设论述摘编 [M]. 北京：中央文献出版社，2017，198.

界，二者紧密联系、不可分割；同时，"中国特色"只有通过"中国故事"才得以淋漓尽致地展现，讲好"中国故事"，传播好"中国声音"，才能阐释好"中国特色"。可以看出，"讲好中国故事"一直是习近平总书记提高国际话语权重要论述的主题和核心，进一步研究梳理这一关键环节，对全面认识和把握习近平总书记提高中国国际话语权的深刻内涵、逻辑建构、战略布局和主攻方向，具有重要的理论价值。总体来看，习近平总书记从问题意识入手，从由谁来讲、讲什么、如何讲三个层面，全面系统、逻辑严密地阐述了这一重要问题。

首先，由"谁"来讲的问题，即明确"讲故事"主体的问题。明确责任主体是讲好中国故事的前提和保证。习近平总书记强调中国故事应当由中国人自己来讲，要"动员各方面一起来"[1]讲，领导干部要从自己做起，加强统筹整合，"内宣外宣一体发展"[2]，形成奏交响乐、大合唱的整体态势，推动形成协同效应，增益中国故事的精彩性。习近平总书记谈到，自己在出访各国时，"不论是会谈、交流还是演讲"[3]，都会向世界各国传播中国道路、中国梦、中国和平发展的主张。除了党和国家的主要领导人外，"讲故事"的主体还包括各级领导干部，"不仅中央的同志要讲，而

---

[1] 中共中央文献研究室. 习近平关于社会主义文化建设论述摘编[M]. 北京：中央文献出版社，2017：211.
[2] 中共中央文献研究室. 习近平关于社会主义文化建设论述摘编[M]. 北京：中央文献出版社，2017：211.
[3] 中共中央文献研究室. 习近平关于社会主义文化建设论述摘编[M]. 北京：中央文献出版社，2017：211.

<<< 第四章 提升中国国际话语权的话语之维：以内涵式提升夯实基石

且各级领导干部都要讲；不仅宣传部门、媒体要讲，实际工作部门、各条战线都要讲"①。高度重视哲学社会科学工作者在"讲故事"中的重要作用，他强调："哲学社会科学工作者应该立时代之潮头、通古今之变化、发思想之先声，积极为党和人民述学立论、建言献策。"②为此，要引导他们坚持马克思主义的世界观和方法论，"在为祖国、为人民立德立言中成就自我、实现价值"③。同时，广泛动员群众，推动文明交流互鉴，他重点强调文艺工作者在讲好"中国故事"中的作用，因为文艺"在这方面可以发挥不可替代的作用"④。

其次，"讲什么"的问题，即是明确"讲故事"的主旨、内容和导向。这一问题是讲好中国故事的核心和基础。习近平总书记将政治话语权作为中国故事的主要着力点，他明确提出，要加大力度宣传中国特色社会主义，"多讲21世纪的马克思主义、新时代的马克思主义"⑤。他强调"讲故事"，要讲好中国特色社会主义的故事，讲故事的核心使命是"把中国道路、中国理论、中国

---

① 中共中央文献研究室. 习近平关于社会主义文化建设论述摘编 [M]. 北京：中央文献出版社，2017：211.

② 习近平. 在哲学社会科学工作座谈会上的讲话 [M]. 北京：人民出版社，2016：8.

③ 习近平. 在中国文联十大、中国作协九大开幕式上的讲话 [N]. 人民日报，2016-12-01（2）.

④ 习近平. 在文艺工作座谈会上的讲话 [N]. 人民日报，2015-10-15（2）.

⑤ 中共中央文献研究室. 习近平关于社会主义文化建设论述摘编 [M]. 北京：中央文献出版社，2017：210.

制度、中国精神、中国力量寓于其中"①，达到提高"中国价值观念的国际知晓率和认同度"②，增强中国意识形态和政治价值观的吸引力，提升中国文化软实力的目的。讲好中国故事需要建构自己的话语体系，"话语的背后是思想、是'道'。不要为了讲故事而讲故事，要把'道'贯穿于故事之中"③，习近平强调深度挖掘中华文化的"思想"性要素，夯实国家文化软实力的根基。为此，要加强哲学社会科学研究，建构哲学社会科学话语体系，夯实讲好中国故事的理论基础和价值基础。

最后，"怎么讲"的问题，即讲故事的方式和路径。这一问题涉及讲故事的策略、原则和手段，体现着大国外交的传播战略，彰显了中国的国际传播能力，关系到中国故事的传播效果，是讲好中国故事的重要环节。讲好中国故事需要建构自己的话语体系。第一，以社会主义核心价值观为核心，在推动"当代中国价值观念走向世界"中形成中国价值的感召力和吸引力，获得全球影响力。中国梦与当代中国价值观念具有高度契合性，紧紧围绕这一点，将中国梦宣传和阐释与当代中国价值观念紧密结合，使其成为传播当代价值观念的生动载体。同时，不断拓展对外传播平台和载体，在实践中寻求更多可能与机会弘扬当代中国价值

---

① 中共中央文献研究室．习近平关于社会主义文化建设论述摘编[M]．北京：中央文献出版社，2017：212．
② 中共中央文献研究室．习近平关于社会主义文化建设论述摘编[M]．北京：中央文献出版社，2017：200．
③ 中共中央文献研究室．习近平关于社会主义文化建设论述摘编[M]．北京：中央文献出版社，2017：213．

和文化精神。第二，注重塑造我国的国家形象，重点展示"四个大国"形象，以讲形象打动人，消除偏见，引导国际社会全面、客观认识中国。第三，主动发声，先入为主。改变过去有理说不清的国际失语状态，首先要争取主动，先发制人，通过各种方式、各种场合、各种路径让世界了解中国作为，让世界正确认知中国为人类文明进步所做的贡献。第四，在世界普遍关注的国内外发展的重大问题上，着力提出能够体现中国立场、中国智慧、中国价值的理念、主张、方案。通过学术建构、理论诠释全方位、立体地传递中国发展信息。第五，加强战略谋划，既要展现中华悠久的历史文化，又要传播蓬勃发展的当代文化。以德服人，以理服人，以文服人，以软实力建设提升我国在地区乃至全球治理中的影响力和话语权。

第二节　加强话语体系建设：新时代国际话语权的内涵提升

话语和话语体系最早来源于语言哲学，一般认为，话语早期是作为最基本、初始的语言单位出现的，后来随哲学社会科学的话语转向，逐渐迁延到文学、政治学、社会学领域，日益成为当代各学科关注的焦点。话语体系是由一系列相互关联的语言符号、概念、范畴构成的话语系统。一般而言，话语总是具有一定体系，承载和体现着一定社会的价值结构和价值体系，蕴含着由这个价值体系规范的意识形态民族观念、思维模式和认知模式。从本质来说，话语体系是话语主体思维建构的结果，其必然受制于话语主体所处社会的主流意识形态，受制于话语背后的主导价值体系和社会意识形式，因此，任何社会的话语体系都打上了主导意识形态的印记。现代性意义上的"话语体系"，生发于西方现代化进程，"肇始于西方工业革命和殖民扩张的自由主义文化，逐渐成为西方现代化的主流话语体系"，并借助现代化的力量渗透扩张，"成为主导整个现代文明世界的话语"。[①] 当代中国特色社会主义的立场和性质决定马克思主义话语权居于主导地位，但是在西方话语体系过于扩张的历史影响下，我国的话语体系还处于劣势，并未形成强大的解释力和影响力，这就给新时代话语体系建设提出了新要求、新任务。

"提高国家文化软实力要'形于中'而'发于外'"[②]，作为文化软实力的重要组成部分，国际话语权的提升也是如此。一方面，增强中华思想的吸引力，展现中华文化的魅力，需要加大研究力度和阐释深度，深入挖掘中华价值和中华文化内涵；另一方面，需要加快对话话语体系建设，寻求合适的传播路径，加大传播力度，注重传播效果，传播好中国的"道"。提高国际话语权要从内外两方面着手，将自身建设和外部打造紧密结合，内涵提

[①] 万俊人. 用中国学术话语体系诠释中国现代性[J]. 理论导报，2012（9）：58-58；人民日报社理论部. 人民日报理论著述年编2012[M]. 北京：人民日报出版社，2013：435.

[②] 中共中央文献出版社. 习近平关于社会主义文化建设论述摘编[M]. 北京：中央文献出版社，2017：199.

升和外在表达共同推进。在内部，加强中国特色社会主义理论阐释深度和力度，构建起如实反映中国特色社会主义发展成就和发展规律的哲学社会科学话语体系，突破西方话语体系的阐释框架和阐释逻辑，变"他说"为"我说"，以提高国际话语权、夯实话语根基和共识为前提；在外部，加强国际传播能力建设，建立和完善对话话语体系，为传播好中国声音，准确传达中国理念、主张和声音，真实全面地阐释好中国特色提供有效的话语武器和传播手段是提高国际话语权的重要路径。

一、加强哲学社会科学话语体系建设，夯实提高国际话语权的话语基础

加强以马克思主义为指导的哲学社会科学话语体系建设，探寻对外传播中的"新概念、新范畴、新表述"，并在实践中不断创新与完善，是新时代推动形成中国话语优势的基础和前提，是在激烈的国际竞争中正确发声，提升中国话语影响力，赢得主动权的根本路径。

（一）坚持以马克思主义为指导，加强哲学社会科学话语体系建设

"坚持以马克思主义为指导，是当代中国哲学社会科学区别于其他哲学社会科学的根本标志。"[1]哲学社会科学作为我国社会主义意识形态的重要组成部分，必然集中反映、体现马克思主义

---

[1] 习近平. 在哲学社会科学工作座谈会上的讲话[M]. 北京：人民出版社，2016：10.

指导下的社会主义思想理论和学术观点。加强我国哲学社会科学话语体系建设,"坚持以马克思主义为指导"[①],是社会主义意识形态建设的必然要求,彰显了中国特色社会主义哲学社会科学话语体系建构的理论自觉和理论自信。坚持马克思主义指导,加强价值引导,就是要一以贯之地坚持马克思主义的立场、观点和方法,坚持把马克思主义在意识形态领域的指导作用自觉贯穿到哲学社会科学话语体系建设的各部分,在话语内涵、话语内容、话语结构、话语价值、话语表达上充分展现马克思主义的根本立场和价值导向,使哲学社会科学话语体系建设始终朝着正确的方向发展。坚持马克思主义为指导,还要用正在发展的马克思主义指导哲学社会科学话语体系建设。马克思主义是发展的理论,这就要求哲学社会科学工作者深刻把握其精神实质和"方法",运用马克思主义的立场、观点和方法分析、解决问题,根据变化了的现实,在社会实践的基础上善于总结,创新发展、推陈出新,推动哲学社会科学话语体系建设。

（二）从中华民族优秀传统文化中汲取营养和智慧,形成中国特色、中国气派、中国风格

话语体系是特定社会历史条件的产物。话语体系背后凝结了一个社会的文化价值观念,受制于该社会的文化条件和文化结构,体现了这个社会最集中的文化价值观,特别是意识形态的主

[①] 习近平. 在哲学社会科学工作座谈会上的讲话[M]. 北京：人民出版社,2016：10.

导价值观。哲学社会科学话语体系建设的第一个要素，就是民族文化的坚守和提炼。"精神是一个民族赖以长久生存的灵魂"①，中华文化蕴含着中华民族生生不息的精神追求和丰富的精神内涵，构成了中华民族历万难而生生不息的强大精神支撑。任何一个民族的生存和发展都脱离不了其深厚的历史文化底蕴，带有其植根于历史的民族精神的深深烙印，哲学社会科学话语体系的打造"一定要符合中华民族的文化性格，打上中华民族优秀传统文化的烙印，体现对中华民族优秀传统文化的现代传承"②。加强哲学社会科学话语体系建设，要从中华文化中汲取精神、精华，还要从现实中汲取营养，才能获得源源不断的活力、持续的动力。作为意识形态的构成部分，哲学社会科学是在与实践互动中发展的，其话语体系也必然打上了社会性的烙印，一定的哲学社会科学话语体系必然集中体现了意识形态领域，特别是主流意识形态的价值观念，这就要求哲学社会科学话语体系建设"一定要符合当代中国的现实，准确反映时代特征和时代要求，充分体现当代中国丰富而生动的实践"③。加强哲学社会科学话语体系建设，坚持既要体现当代中国的精神需要又要在发展中不断凝练提升当代中国精神的话语原则，话语内容要彰显当代中国发展理念、目

---

① 中共中央文献研究室. 习近平关于社会主义文化建设论述摘编[M]. 北京：中央文献出版社，2017：13.
② 邓纯东. 努力构建以马克思主义为指导的哲学社会科学话语体系[J]. 马克思主义研究，2014（6）：9–14，159.
③ 邓纯东. 努力构建以马克思主义为指导的哲学社会科学话语体系[J]. 马克思主义研究，2014（6）：10.

标、目的及成就，话语形式要符合当代中国人的话语特点和话语习惯，形成中国特色、中国气派和中国风格。

（三）立足中国，面向世界，系统建构具有时代特色的、深度阐述中国实践的哲学社会科学话语体系

在"西强我弱"的话语格局下，正确发声、响亮发声不仅是中国发展的需要，更是世界历史进程的需要。相较于改革开放40年来社会体制，生产方式的巨变和利益格局的快速变动，我国话语体系建设相对滞后，话语陈旧，对新问题和新事物的阐释不够，对错误思潮的泛滥缺乏有效应对，原有话语感知度低、话语存在感不强的问题较为突出。正是在这个意义上，习近平总书记提出"不断推进学科体系、学术体系、话语体系建设和创新"[1]，进而形成"自己的特色和优势"[2]。讲好中国故事，打造具有中国气派的哲学社会科学话语体系，既是时代课题，又是实践课题，要"以我国实际为研究起点，提出具有主体性、原创性的理论观点"[3]，这就要求立足中国的实践深入研究，面向世界叙述好我们的情况，形成立足中国并面向世界的研究视域，不断提升研究能力，推动中国特色社会主义从经验总结到科学理论的升华。在致力于研究"中国问题"之外，引导哲学社会科学研究当今世界人

---

[1] 习近平. 在哲学社会科学工作座谈会上的讲话[M]. 北京：人民出版社，2016：22.

[2] 习近平. 在哲学社会科学工作座谈会上的讲话[M]. 北京：人民出版社，2016：22.

[3] 习近平. 在哲学社会科学工作座谈会上的讲话[M]. 北京：人民出版社，2016：19.

<<< 第四章 提升中国国际话语权的话语之维：以内涵式提升夯实基石

类面临的共同话题；在气候变化、环境污染、金融安全、全球治理、网络安全等世界共同关注的焦点话题上，加强研究和对话交流，致力于形成中国特色学术话语，用国际上理解、接受的话语体系来阐释和表达，推动中国话语走向世界。"任何真正的哲学都是自己时代的精神上的精华"[①]，哲学社会科学要体现"时代的精神上的精华"，需要站在时代前沿，把握时代话题，谋求时代出路。哲学社会科学研究要直面实践，回应"时代之问"，阐释、解决现实实践的突出问题，才能获得持久发展的动力。加强哲学社会科学话语体系建设，要关注当下中国特色社会主义发展的重大实践问题，聚焦制度建设、金融问题、财富问题、劳动问题、正义问题、分配问题等突出问题，科学提炼适用国际社会话语逻辑的概念、范畴和话语，合理设定议题，增强分析问题、解决问题的能力，用今天的话语来回答今天的问题，推动实现政治话语、学术话语和大众话语的有机统一，创造出能和国际对话的、深度阐释"中国故事"和中国发展的哲学社会科学话语体系，以内涵提升、厚植中国提高国际话语权的理论底气。

加强我国哲学社会科学话语体系建设是"讲好中国故事"的基础和前提，是提高中国国际话语权，重构国际秩序的根本要求。当代中国，马克思主义中国化的理论成果，特别是习近平新时代中国特色社会主义思想，为中国哲学社会科学话语体系建设提供了理论指南和实践指导，中国特色社会主义伟大实践丰富其

---

① 中共中央马克思恩格斯列宁斯大林著作编译局. 马克思恩格斯全集：第1卷[M]. 北京：人民出版社，1956：121.

话语内容并赋予其时代内涵，几千年的文化底蕴和中华智慧涵育、厚植了文化自信的底气，将中国制度优势转化为现实生产力，转化为治理效能的实践推进更彰显了制度自信。今天，中国故事的内涵比历史上任何时候都更为丰富和生动，阐释好中国故事的价值诉求和价值需求比历史上任何时候都更为迫切。加强当代哲学社会科学话语体系建设，以中国思维和中国方式阐释中国特色是当代中国提高国际话语权的重要使命，是中国更好地走向世界，推动构建人类命运共同体的基础性环节。必须认识到，哲学社会科学话语体系建设不是一蹴而就的，更不会一劳永逸。只要我们坚定地以马克思主义为指导，既立足中国又放眼世界，既尊重历史又关注现实，既着眼当代又面向未来，善于把握和遵循话语体系建构规律，不断探索创新，用中国人自己的思维和智慧建构起自己的阐释体系，就能够打破西方话语霸权和意识形态控制，讲好新时代、新视域下每时每刻都在发生的中国故事。

二、加强对外话语体系建设，增强提高国际话语权的对外传播能力

"我们的观念和主张要经常说、反复说，不能长在深山无人知。"[①]加强对外话语体系建设，传达中国理念、主张和声音，已经成为新时代中国致力于重构国际经济新秩序、实现自身和更多国家可持续发展的内在要求，是新兴大国和平崛起的必然选择，

---

① 中共中央文献研究室. 习近平关于社会主义文化建设论述摘编［M］. 北京：中央文献出版社，2017：210.

<<< 第四章 提升中国国际话语权的话语之维：以内涵式提升夯实基石

也是中国参与全球治理，推动构建人类命运共同体的重要举措。

（一）遵循"中国立场、国际表达"的立场，加强对外话语体系建设

习近平强调："话语的背后是思想、是'道'，要把"道"贯通于讲故事之中，通过引人入胜的方式启人入'道'，通过循循善诱的方式让人悟'道'。"① 他认为，作为"道"的思想在国际话语权的提升中发挥着重要作用。这实质上提出了国际话语权的建构，不仅要讲故事和讲好故事，更涉及故事背后的"道"的问题，后者构成了故事的灵魂，是国际话语权的根本和关键，"道"凝结和体现于故事中，讲好故事，需要"道"的合理阐发及有效传播。这里的"道"，从根本上说，是指以社会主义核心价值观为核心的当代中国价值观念和价值体系，以马克思主义为指导的中国特色社会主义理论体系。加强对外话语体系建设首先服务于正确传播中国声音的目标，因此其必然基于中国立场，这里的立场涵盖了理论立场、价值立场、制度立场等基本要素，简而言之，即以马克思主义为指导，以社会主义核心价值观为价值尺度，立足中国和中国发展的现实，从捍卫中国发展利益的立场出发，通过恰当的国际表达，在世界上正确发出中国声音，使之被世界接纳认可。同时，为传播好中国声音，必须努力使交流内容贴近中国和中国媒体发展实际，贴近海外交流对象的信息需求，贴近海外交流对象的思维方式和习惯，使人想听、爱听，听有所思、听

---

① "五位一体"谱华章（习近平新时代中国特色社会主义思想学习问答（37））：关于中国特色社会主义事业总体布局[EB/OL]. 人民网，2021-09-07.

有所得。在国际表达上，不断增强亲和力，改变过时、生硬的话语体系，改进阐释技巧，善于把政策语言转变成传播语言、交流语言。要主动发声，特别是针对海外媒体和公众关注乃至趋于误解的热点问题，第一时间予以解疑释惑，做到早说话、先发制人，避免被动解释、后发制于人，不断提高国际传播的意识和本领。

（二）打造融通中外的新概念、新范畴、新表述，作为加强对外话语体系建设的主要着力点

加强对外话语体系建设，话语表述是关键。打造融通中外的新概念、新范畴、新表述，坚持"融通中外"的基本要求，要明确中国立场与站位，弘扬"以我为主"的主体意识，充分发挥创新能力，使我们传播的概念、范畴、表述既具有鲜明的中国特色，又与国外习惯的话语体系、表述方式相对接，让中国声音赢得国际社会理解和认同。秉承"以我为主"，在表述形式上，就是要以开放包容姿态，不断丰富我们的概念范畴表述，多贴近外国受众的思维习惯和语言习惯，以人类命运共同体和全球治理的中国话语，积极寻求中国与外部世界的话语共同点、利益交汇点，使中外话语体系更好地相融相通；在内容上，就是秉承中华民族的精神追求、精神基因和精神标识，在对外传播中充分体现中国立场、中国价值、中国主张、中国实践。要结合新形势、新变化，介绍好、阐释好、传播好新一届中央领导集体治国理政的新理念、新成就、新经验，要以中国梦和改革开放的新举措、经济发展的新思路为重点内容，形成完整的、准确的表达和阐述方式，让全世界都能听到并听清"中国声音"，同时在外界关注的

一些涉华重要问题及国际社会普遍关注的重大问题上，也要借鉴世界有益文明成果，形成新的概念、新的表述，要如实反映中国在这些方面的发展进步，阐释好中国故事，准确表达和传播中国声音、中国立场，引导国际社会客观、公正地认识和看待这些问题。

（三）在建设路径上，用中国理论阐释中国实践，用中国实践升华中国理论

从根本上说，加强对外话语体系建设是服务于传播好中国声音，阐释好中国特色，其核心就是如何更好地展现中国故事的理论魅力及中国声音的价值魅力，将中国精神和中国价值准确无误地传递给世界，通过增进国际交流和了解，增强中国影响力和吸引力。用中国理论阐释中国实践，用中国实践升华中国理论，突出了对外话语体系建构的核心是基于实践并在实践中提升的理论，明确了对外话语体系建构的现实逻辑，是习近平总书记从战略高度提出的提高国际话语权的路径指导，是中国特色社会主义进入新时代的创新发展。"用中国理论阐释中国实践"就是要以马克思主义为指导，以社会主义现代化过程中形成的理论，特别是习近平新时代中国特色社会主义思想为理论指南，阐释中国特色社会主义的伟大实践。"用中国实践升华中国理论"就是根据变化了的实践不断推进理论创新，聚焦于国内外重大问题，加大研究力度和阐释深度，着力提出能够体现中国立场、中国智慧、中国价值的理念、主张和方案，为"中国思想""中国主张"正名正身，是突破西方话语霸权，改变中国国际失语、失声的根本

举措。在对外话语体系建构中，无论是理论阐释还是理论升华，均离不开哲学社会科学的响亮发声。从对外传播来看，打造融通中外的新概念、新范畴、新表述，也要有深厚的学理支撑，为此要求哲学社会科学工作者发挥理论优势，有效回应国际社会对中国的关注，和对外传播工作者一道，在更深层次上构建起具有中国特色的、与国际社会有效对话的话语体系。

加强对外话语体系建设是传播好中国故事的重要依托和保障，是提升中国国际话语权的外因和条件。中国故事再好，也需要有一个好的对外传播体系，否则，故事的优势体现不出来，也难以提升国际话语权。从根本上说，加强哲学社会科学体系建设是提升中国国际话语权的内因和基础，加强对外话语体系建设是提升中国国际话语权的条件和保证，二者缺一不可，共同构成了提升中国国际话语权的二重奏，是新时代中国特色大国外交之路的重要战略举措，丰富深化了中国人类命运共同体理念内涵，是新时代中国特色社会主义外交理念与发展路径的新拓展，有利于为中国特色大国外交开辟新的发展空间。

新时代提高国际话语权，要面向中国式现代化的发展诉求，立足于中华民族"强起来"的理论创建和实践探求，开拓中国和平发展道路的新路，实现新时代中国文化软实力提升的理论突破和实践创新，丰富完善共同构建人类命运共同体的中国方案，为国际社会贡献全球治理的中国智慧，以讲好中国故事为主题，以重塑中国国家形象，全面、客观地展示当代中国"四个大国"形象为主要目标，进行一系列逻辑严谨的理论建构和战略部署，形成较为完善的提高国际话语权的理论体系，体现了中国特色社会主义理论和实践在文化、外交领域的创新发展，对于国际经济、政治领域产生广泛而深刻的影响，对推动中国和平发展道路，对于世界和平、促进共同发展，构建人类命运共同体，推进全球治理进程都具有积极意义。

第三节 新时代提升国际话语权的话语路径

新时代提升国际话语权，要立足中国现实，结合中国实践，从中国国际话语权的现实问题出发，在话语逻辑建构、话语表达创新、话语要素建设、话语空间拓展方面展开。

一、建构话语逻辑，丰富话语内涵

英国语言学家诺曼·费尔克拉夫（Norman Fairclough）认为话语是社会实践的一种形式。"话语不仅是表现世界的实践，而且在意义方面说明世界、组成世界、建构世界。"[①] 话语的"身份建构"功能有助于不同事务的建构；话语的"关系建构"功能有助于建构人与人的社会关系；话语的"观念建构"功能有助于知识和信仰体系的建构。话语实践"既有助于再造社会本身，也有

---

① 费尔克拉夫. 话语与社会变迁[M]. 殷晓蓉，译. 北京：华夏出版社，2003：9.

助于改变社会"①。话语逻辑具有改变社会的秉性与功能。它通过塑造人的认知图式，影响人们的观念，进而引导行为的选择。话语是时代的产物，也是塑造时代特征、引领社会发展方向的重要精神生产。提升中国国际话语权的话语逻辑，服务于新时代国际话语权的提升，着眼于中华民族伟大复兴的历史进程，立足于中国式现代化的基点，站位于中华民族强起来的历史方位，是指中国在两个大局下，在中国综合实力和影响力日益提升，世界力量对比东升西降趋势明显的有利形势下，面对国际多元思潮的挑战和扰乱、西方话语霸权的冲击和干扰，中国向内外输出话语的系列特色鲜明的符号化、标签化的话语叙事，表征了时代的发展潮流，内嵌了符合自身时代特征的思维定式。

（一）在中国式现代化推进中华民族伟大复兴的进程中确立话语权威

资本主义"首次开创了世界历史"。"资产阶级，由于开拓了世界市场，使一切国家的生产和消费都成为世界性的了。"②人类进入现代社会的历史进程，在客观上与资本主义的发展过程是同步的，在那个历史时代，资本主义生产方式"更有利于生产力的发展，有利于社会关系的发展，有利于更高级的新形态的各种要

---

① 费尔克拉夫. 话语与社会变迁[M]. 殷晓蓉, 译. 北京：华夏出版社，2003：60.
② 中共中央马克思恩格斯列宁斯大林著作编译局. 马克思恩格斯文集：第2卷[M]. 北京：人民出版社，2009：35.

素的创造"①,作为"历史不自觉的工具"开创了人类社会生产的一个新时代。率先实现现代化的资本主义国家凭借"先发优势",不仅在推行殖民主义的过程中构筑西方主导的世界发展格局,而且从"西方中心史观"出发,把西方现代化道路定义为人类走向现代文明的唯一途径,把西方文明标榜为人类文明的标杆和方向,加以学术包装和话语叙事,确立"西方中心主义"话语霸权,也就是说,现代化模式具有唯一性,西方价值尺度具有唯一性,并以之塑造和支配世界。在这一西方视域中,其他任何与西方模式不一样的现代化都不能被称为现代化,排斥了非西方现代化的可能性,不仅斥之为异端,还给予黑化、矮化、污名化。事实证明,现代化作为一种实践,不同国家因为选择的不同具有不同模式。这种罔顾现实,认为现代化模式只能是"一二一",非整齐划一而不能言说的现代化说法和做派,已经为历史和实践所反证。回顾历史可以看出,"后发国家"走"西化"道路鲜有成功案例,近代中国不行,拉美国家也不行。由于国情和历史的差异,西方现代化模式无法解决发展中国家的现代化难题。中国式现代化的成功打破了"特殊主义普遍化"的"一元现代化模式",也必将瓦解"西方中心主义"的"一元话语世界"。追溯其历史逻辑可以看到,西方话语霸权是在对差异性、多样性历史发展话语的消解中建立起来的,对于现代化话语构建的非西方叙事,其立场和态度是一贯的排斥打压,话语逻辑深陷"西方中心主义"。

---

① 汤俊峰.为何说21世纪的今天,我们仍然有必要重读《资本论》?[EB/OL].红色文化网,2023-02-18.

因此，中国式现代化突破西方中心主义的话语逻辑，是历史逻辑和现实逻辑的必然结果。二十大报告指出"以中国式现代化全面推进中华民族伟大复兴"①，为在"融通"中"构建"提供了方向和指导。"加强对外话语体系建设"②，话语体系的国际化水平决定其世界影响力，以中国式现代化推动构建面向世界的中国话语，"融通中外"是关键。

（二）在人民话语逻辑超越资本话语逻辑中夯实话语根基

马克思主义认为，人民是历史的创造者，是人类社会发展的根本动力。中国共产党成立以来，紧紧围绕"人民"，形成了在实践经验基础上的"以人民为中心"的话语表达，揭示了党的百年奋斗初心和永葆活力的秘诀，不仅是党坚持人民立场的生动表达，更鲜明体现在人民幸福感、获得感和安全感的不断提升。党的十八大以来，以习近平同志为主要代表的中国共产党人始终把人民的利益放在首位，把人民放在心中最高位置，用"人民至上"这一话语表达人民群众的主体地位。党的二十大报告指出："一切脱离人民的理论都是苍白无力的，一切不为人民造福的理论都是没有生命力的。"③强调"做到老百姓关心什么、期盼什么，

---

① 习近平. 高举中国特色社会主义伟大旗帜　为全面建设社会主义现代化国家而团结奋斗：在中国共产党第二十次全国代表大会上的报告［EB/OL］. 中华人民共和国中央人民政府，2022-10-25.

② "五位一体"谱华章（习近平新时代中国特色社会主义思想学习问答（37））：关于中国特色社会主义事业总体布局［EB/OL］. 人民网，2021-09-07.

③ 习近平. 高举中国特色社会主义伟大旗帜　为全面建设社会主义现代化国家而团结奋斗：在中国共产党第二十次全国代表大会上的报告［M］. 北京：人民出版社，2022：19.

<<< 第四章　提升中国国际话语权的话语之维：以内涵式提升夯实基石

改革就要抓住什么、推进什么，通过改革给人民群众带来更多获得感"①，体现了共产党人人民主体的执政逻辑话语。"站稳人民立场、把握人民愿望、尊重人民创造、集中人民智慧"②是中国共产党理论发展和实践创新的人民话语逻辑新时代的贯彻和体现。进入新时代，中国共产党着眼于世界视野，将"人民"话语引向了国际话语场，提出"为人类福祉""人类幸福""全球治理""全人类共同价值""人类命运共同体"等造福世界人民的理念、策略，实现了国内叙事话语与国际叙事话语的高度融通、浑然一体，实现了人民话语与人类命运共同体话语的有机贯通与紧密连接，揭示了中国"人民话语"与"人类福祉"之间的内在逻辑关联，与资本逻辑主导下的个人话语形成鲜明对比。

资本主义文明开创了资本主义现代性。资本通过变革人与自然的关系，以及人与人的社会关系，资本的物质文明功能和社会文明功能获得了充分的展示，并最终按照自己的面貌创造出现代资产阶级社会。马克思根据资本的生产资料属性和社会关系本质，把资本逻辑阐释为一是以利益关系生产和再生产为中心的增殖逻辑；二是以支配关系生产和再生产为中心的权力逻辑。两种逻辑相互促进，最终塑造了资产阶级社会的经济政治秩序和文明形态。但是，资本的双重逻辑决定了它也破坏着文明，它使物的世界获得增值，但使人的世界贬值，导致劳动异化、交往异化、

---

① 习近平.习近平谈治国理政：第二卷［M］.北京：外文出版社，2017：103.
② 习近平.高举中国特色社会主义伟大旗帜　为全面建设社会主义现代化国家而团结奋斗：在中国共产党第二十次全国代表大会上的报告［M］.北京：人民出版社，2022：19.

精神异化；使资本成为资产阶级统治一切的经济社会权力，造成物的关系对人的关系的统治。资本逻辑所包括的文明性和自反性决定了其被扬弃和超越的命运，同时也呼唤着新的生产方式和新的文明形态。"资本逻辑的二律背反及其衍生的发展限度和困境决定了它既不能实现人的自由全面发展，也不会将解放全人类和创建人类命运共同体作为价值追求。"[1]

人民主体是唯物史观的核心命题。马克思、恩格斯在《共产党宣言》中指出："过去的一切运动都是少数人的，或者为少数人谋利益的运动。无产阶级的运动是绝大多数人的，为绝大多数人谋利益的独立的运动。"[2]中国共产党是用马克思主义武装起来的政党，人民立场是其根本政治立场，人民逻辑是其根本逻辑。习近平总书记明确指出："我们党没有自己特殊的利益，党在任何时候都把群众利益放在第一位。这是我们党作为马克思主义政党区别于其他政党的显著标志。"[3]以人民为中心是中国共产党作为无产阶级政党的价值立场。从中国共产党百年奋斗的伟大历程来看，以人民为中心是中国共产党持续获得胜利的法宝。进入新时代，中国式现代化是以人民为中心的现代化，其与资本主义文明现代化的差异就在于它能够始终坚持以人民为中心推动现代化建

---

[1] 刘同舫. 人类文明新形态对资本逻辑的超越[J]. 浙江学刊，2024（2）：5-13，239.

[2] 中共中央马克思恩格斯列宁斯大林著作编译局. 马克思恩格斯选集：第一卷[M]. 北京：人民出版社，2012：411.

[3] 谢环驰. 习近平在参加内蒙古代表团审议时强调：坚持人民至上 不断造福人民 把以人民为中心的发展思想落实到各项决策部署和实际工作之中[N]. 人民日报，2020-05-23（1）.

第四章　提升中国国际话语权的话语之维：以内涵式提升夯实基石

设。资本主义文明的现代化虽然最先开辟了走向现代化的道路，是现代化的经典模式，但其本质是为资本服务，在资本逻辑达到顶峰之后便走向了自身的衰落与崩溃，人的异化便是资本主义文明只注重物的积累而忽视人的发展所引发的现代性危机。以人民为中心的价值立场是中国式现代化的鲜明特色，也是中国共产党独有的政治优势。由于始终把以人民为中心作为自身的行动标准，中国共产党才有底气和能力去驾驭资本，在价值立场上致力于规训资本，使其更好地服务于人民群众的根本利益，将其转变为以人民为中心的高质量发展方式。同时，更体现出中国式现代化的显著优越性。

（三）在推进人类命运共同体中提升话语认同

党的十八大以来，习近平充分汲取马克思主义理论和中华优秀传统文化的智慧，科学研判世界大势，主动顺应时代潮流，提出了人类命运共同体思想。努力建设持久和平、普遍安全、共同繁荣、开放包容、清洁美丽的世界，是人类命运共同体的核心内容。人类命运共同体理念的提出，为妥善处理国际关系、指导全球治理的中国方案，为国际制度的创设、改革、完善提供了理想目标和价值遵循，推动国际合作的深化和国际制度的改革；人类命运共同体思想，为全球治理提供一种新的评估标尺，也为未来人类发展提供了目标指向。今天，人类命运共同体得到国际社会广泛关注、积极响应和充分认同，已经成为构建新型国际关系和国际新秩序、推动全球治理体系变革的基本遵循。

随着全球化和网络化的深入推进,世界各国的利益关系、经济交流、文化交往等联系越来越紧密,人类社会变成休戚相关的命运共同体。从经济领域看,全球化的持续推进使世界各国不得不融入全球化浪潮中,世界各国变成紧密联系的经济共同体,任何国家无法在全球性经济危机中独善其身,亚洲金融危机、次贷危机等就是非常典型的案例。从全球治理看,环境污染、温室气体、网络安全、恐怖主义、核危机等全球性问题影响着每一个国家,任何国家无法置身事外,也无法凭借本国之力解决这些全球性问题。这充分说明,只有加强国际合作,建构求同存异、相互包容、合作共赢的人类命运共同体,才能更好地促进全球经济发展、消解人类文明冲突、化解全球性问题、促进人类社会持续繁荣发展。在这种时代背景下,习近平总书记以马克思主义理论为出发点,建构国际新秩序、人类命运共同体思想等有助于提升中国价值观的国际话语权,对于优化中国的国际形象、维护中国的国际利益等具有重要意义。人类命运共同体理念不仅体现在中国的自身利益和国际关系主张,还体现在世界各国的共同利益和全球性价值观,对于提升中国的世界观、话语权具有重要意义。

人类命运共同体思想回答了"世界向何处去"的时代之问,提出了"如何建设国际社会"等重大时代问题,对于建构国际新秩序、化解全球性问题、促进人类社会可持续发展等具有重要意义。在世界百年未有之大变局下,共建"一带一路"是人类命运共同体的成功实践,正成为造福世界的"发展带"和惠及各国人民的"幸福路"。事实证明,以凝聚人类共同价值、促进共同繁荣发展、开拓合作共赢新局面，使世界人民共同谱写人类命运共同体新篇章是可行的，也是有益的。以人类命运共同体思想为价值内核，推动国家的国际话语权建设，不断提升中国在国际社会上的话语认同，增加中华文化影响力和价值引领力是提升中国国际话语权的重要路径。

人类命运共同体的国际认同，与中国的对外文化传播、国际议题设置等密切相关，还与中国以何种态度参与国际事务、中国是不是负责任的大国等方面相关。因此，应当将积极参与国际事务、自觉维护国际正义等作为中国的世界观、话语权建构的重要路径，以勇于担当的态度、负责任的行动赢得世界各国及人民的价值认同。通过参与国际规则制定、国际秩序建设等，敢于维护世界正义，勇于为发展中国家发声，更好地提升中国价值观的国际影响力。积极参与解决国际议事日程上的环境恶化、全球变暖、能源安全、减灾扶贫、国际维和、恐怖主义、公共卫生等全球性问题，为全人类的持续繁荣发展贡献力量，以实际行动推进中国构建人类命运共同体的国际话语认同。同时，在议题设置方面，可以借助世界性力量，巧妙设置外宣议题，通过全球共同关注问题的热度，扩大中国话语和中国理念的影响力，提高对外发声驾驭力，增强国际传播亲和力。如云南亚洲象群北移南归事件，在CCTV-9频道播出的系列片《同象行》，通过中国海外网可以进行观看，2021年10月，习近平总书记在《生物多样性公约》第十五次缔约方大会领导人峰会的视频讲话中谈道："云南大象的北上及返回之旅，让我们看到了中国保护野生动物的成果。"① 全球主要媒体都来记录大象们的旅途，Twitter 和 YouTube 上也充满了各种有趣的视频，象群睡觉的图片吸引了 2 亿次的观看。日本广播协会 NHK、朝日新闻、东京广播电视 TBS 多家媒体派出记者奔赴云南报道此事，美国广播公司 NBC 也持续跟踪报道了象群迁徙事件，亚洲象在国际平台吸粉无数。美联社称赞道："大象得到了最高级别的保护，即使自然栖息地缩小，它们的数量也会稳步增加。"《华盛顿邮报》更确切地引用了大象保护的成就，野生大象数量达到 300 头左右。国外记者通过镜头和话语，记录了真实的中国，反映了中国的生活状态，网友们纷纷点赞，不仅对中国面貌，更为当地政府的应急处理所打动，美丽真实的中国正展现在世界面前。美国广播公司转引美联社一篇文章标题"中国的流浪象群正在成为国际明星"，中国生态之美、人与自然和谐之美，中国政府的生态努力得到了国际舆论的一致认可。这场以大象为主题的主场外宣活动，借助"象往地带"的话语叙事，以世界瞩目的事件为切入点，在国际舆论中成功地宣解了真实的中国，受到国际舆论的广泛赞誉，成为增强国际话语权传播的生动案例。这启发我们，中国故事可以借助国际媒体和外媒之口，产生更好的话语效果，面向世界的议题设置，有趣的话语实践、多项的传播机制在一国国际话语权提升中具有独特而重要的价值。

---

① 习近平在《生物多样性公约》第十五次缔约方大会领导人峰会上的主旨讲话[EB/OL]. 中华人民共和国中央人民政府，2021-10-12.

二、加强话语要素建设，提升话语生产质量

话语本身是讲什么的问题，提升话语权很大程度上是讲得如何、合不合理、入不入心的问题，与话语质量和话语接受度直接相关。高质量的话语不仅内涵清晰，立意高远，而且能够直达人心，产生"细无声"的情感认同和话语认同。因此，在提升国际话语权视域下，话语建设不能停留于概念和范畴的理论创新，更要着眼于话语构成要素的建设。具体来说，就是提升主语主体素养、丰富话语内容内涵、完善话语传播体系和增强话语传播能力。

（一）提升话语主体素质

话语主体是话语创新的能动性因素，在话语创新过程中发挥着根本性和全局性的作用。话语主体素质的高低在很大程度上影响甚至决定了话语创新的效果，话语主体素质高，话语创新效果就会好。只有不断提升话语主体素质才能为话语创新提供源源不断的动力。话语主体素质包括：坚定理想信念、增强话语自信是站稳话语价值立场和体现话语内核的基本诉求；提升议题设置能力、增强突发事件应变能力及热点问题应对能力是其话语实践方面的要求。

坚定理想信念。要求将马克思主义及中国化理论成果，尤其是最新理论成果，向国外话语受众客体阐释清楚，使其对中国和中国共产党有一个准确的认识。另外，话语主体要坚持用马克思主义的立场、观点和方法分析和理解当前的世情、国情和党情，进而有效地把握人类社会发展的基本规律，为全球治理和建设美

好世界贡献中国的政党智慧和方案,从而创新和发展中国特色大国外交话语。

增强话语自信。话语自信是话语主体对话语内容的自我认同,是话语创新发展的内在精神动力。缺乏话语自信,话语主体就会受制于人,难以形成话语自觉意识。一些专家、学者言必称西方,以西方话语为圭臬,视西方理论为权威,动辄西方案例,就是没有自己的话语。话语自信的缺失,不仅影响话语的创新发展,而且还导致国际话语权的旁落。新时代增强话语自信首先源于历史文化积淀之上的文化自信,其次源于中国特色社会主义理论与实践创新,"我们有本事做好中国的事情,还没有本事讲好中国的故事?我们应该有这个信心!"[①] 不断增强话语自信是提升中国国际话语权对话语主体自身素养的基本要求,唯有话语自信,才能在话语创新中不断增强自觉性、把握主动权。

增强议题设置能力。议题设置是话语主体围绕特定的目标,针对某一议题或话题进行引导,以引起话语客体受众的关注,进而达到话语预期目标。议题设置能力是话语创新的重要方式和手段,科学合理的议题设置能够有效地影响和引导话语受众,促进话语的发展和传播。在议题设置能力上,在国际重大议题、被误导的世界关注焦点问题上增强主动设置议题、善于设置议题、合理设置议题能力,吸引国际社会的广泛关注,引导世界各国民众参与,增强应对国际问题和突发问题的主动性与能动性。

[①] 中共中央文献研究室.习近平关于社会主义文化建设论述摘编[M].北京:中央文献出版社,2017:208-209.

（二）丰富话语内涵

丰富提升国际话语权的话语内涵，必须挖掘出独特的理论内涵、深厚的理论渊源以及鲜明的理论特质。当前，西方国家通过多种多样的意识形态渗透方式，千方百计对中国历史、中国价值进行解构，其目的在于瓦解中国话语的科学性、先进性以及价值指导性。因此，丰富国际话语权的话语，绝不是简单阐述其科学内涵，而是既要将阐述建立在人类现有哲学社会科学的成果之上，又要立足中国实际，放眼世界、勇于突破原有的理论范式。在改造与创新中，构建符合世界发展诉求并被大多数国家认同的价值共识。

（1）丰富话语内涵要坚持话语的价值导向

全人类共同价值是基于全球性视域的、观照全人类的价值观，把关注人类的前途命运作为使命追求，把促进全人类繁荣发展作为终极目标，反映了人类文明发展的进步方向，它的提出为提升中国国际话语权开拓了新方向、提供了新基础。2015年9月28日，在第七十届联合国大会一般性辩论时的讲话中，习近平总书记首次提出了"和平、发展、公平、正义、民主、自由，是全人类的共同价值"[1]。在党的二十大报告中，习近平总书记再次指出："我们真诚呼吁，世界各国弘扬和平、发展、公平、正义、民

---

[1] 习近平. 习近平在联合国成立70周年系列峰会上的讲话[M]. 北京：人民出版社，2015：15.

主、自由的全人类共同价值，促进各国人民相知相亲。"[①]

全人类共同价值是立足当今社会发展现实，从人类整体利益出发形成的价值"最大公约数"。提升中国国际话语权要加紧对全人类共同价值话语体系的建设，夯实中国提升话语权的全人类价值根基。在话语的民族性与世界性的融合统一中形成提升中国国际话语权的价值根基，用自己的话来阐明自己的理论，阐明中国话语价值的世界情怀和世界意义，推动中国话语价值走向世界。一方面，我们应该充分挖掘全人类共同价值的理论渊源。从中华优秀传统文化之中、从融通中外马克思主义理论体系中找到其根源，并与当下"两个变局"这一时代特征相结合，从历史与现实中夯实理论之基。另一方面，我们应该清晰地阐述全人类共同价值的深刻理论内涵。包括阐明全人类共同价值与不同文明价值之间的共存共融关系，阐明全人类共同价值是对西方"普世价值"的超越。通过对比分析找出全人类共同价值的鲜明特征并汲取人类文明的优秀成果，实现人类文明的交流互鉴。

（2）丰富话语内涵要加强话语生产的实践导向

新时代国际话语权建设必须坚持从实践中来、到实践中去，并随着实践的发展而发展。一是从实践中来。新时代丰富国际话语内涵必须深深植根于中国特色社会主义事业的伟大实践、中华民族伟大复兴的实践和新时代党的伟大工程建设的实践，从实践

[①] 习近平. 高举中国特色社会主义伟大旗帜　为全面建设社会主义现代化国家而团结奋斗：在中国共产党第二十次全国代表大会上的报告[M]. 北京：人民出版社，2022：63.

中汲取营养赋予其新的内涵，实现实践基础上的理论创新。二是到实践中去。理论来源于实践，更要回到实践中去指导新的实践和检验成效。用新的理论指导意识形态话语权建设的实践，不断解决新的问题和新的矛盾，在实践中证明理论的合理性和正当性。三是随实践发展而发展。实践发展永无止境，理论创新也永无止境。中国特色社会主义话语内涵要随着实践的发展而不断发展，结合新的实践不断做出新的理论创造，这是其话语效力和力量的源泉和保证。

（3）丰富话语内涵要坚持时代导向

时代是思想之母，实践是理论之源。游离在时代之外的理论不可能拥有持久的生命力。新时代提升国际话语权的话语创新要明确时代问题，校准时代坐标，满足时代需要。

（三）创新话语表达。话语表达是影响话语传播能力的重要因素。首先，要做到国际化表达，用国际受众听得懂、听得进、听得明白的表达方式阐述中国故事。话语表达既要体现中国的立场、观点、态度，又要注意受众人群的风俗习惯、文化差异、宗教信仰、价值偏好等因素。其次，要做到适应化表达，提升话语表达的灵活性。在话语传播中存在着跨文化差异与价值观差异，我们必须采用精准传播方式，面对不同国家、不同受众采用不同的传播语言，还要避免一个模板走天下，应根据受众目标对内容进行相应的调整，使中国故事和中国声音的传播更具亲和力、感召力和实效性。最后，要做到情感化表达，用真实的故事打动人、用生动的实践吸引人。把中国共产党在道路、理论、制度、文化等方面取得的辉煌成就以及老百姓切身体会到的获得感、幸福感和安全感，用喜闻乐见的方式讲给受众听，以小见大能够取得更好的传播效果。

在内容表达上，突出"中国特色"，坚持"从中国出发看世界"和"从世界出发看中国"相统一。在表达方式上，形成现代化表达的"中国风格"，坚持客观反映、正面宣传、围绕中心、服务大局、成风化人、凝心聚力、连接中外、沟通世界。在表达效果上，体现中国的"中国气派"，塑造我国的"文明大国形象""东方大国形象""负责任大国形象""社会主义大国形象"。在表达视野上，彰显中国发展的"天下情怀"，着眼于大历史观、大世界观，解读中国式现代化道路，筑牢现代化建设的"人类命运共同体"意识。

三、完善话语传播体系建设

面对西方话语的强势输出，我国在国际话语传播体系方面存在的问题之一是话语主体相对单一。我国对外传播过程中，国家主流媒体还是主要发声源，普通群众、学术团体、民间组织主动发声相对较少。形成话语传播的同心圆，将其拓展到大众传播行为层面是需要解决的现实问题。此外，对外传播存在时效上的偏差，话语传播平台影响力和信息传播规模不足等问题也较为突出，我国主流媒体传播实力及国际影响力对国际媒体舆论引导能力还有待加强。解决上述问题，需要多方协同推进，完善话语传播体系建设。

<<< 第四章　提升中国国际话语权的话语之维：以内涵式提升夯实基石

首先，要注重元话语的建构，即马克思主义经典作家的思想和马克思主义经典文本中的话语吸收、转化和阐释。新时代中国特色社会主义是在坚持马克思主义为指导，运用辩证唯物主义和历史唯物主义的世界观和方法论解决中国现实问题中形成和发展起来的，讲清楚中国今天的事，必须阐明今天的中国"从何而来""以何而来""何以发展""将到何处去"等基本的理论渊源、现实依据和未来发展等问题，需要加强对马克思主义核心话语和关键概念的阐释，同时要善于从中寻找话语资源和素材，将马克思主义的科学性、真理性用具有中国特色的意识形态话语加以呈现，提升中国元话语的建构及叙事能力。

其次，要注重政治话语的建构。一方面要善于将中国特色社会主义制度、理论、道路和文化自信与制度优势、复兴目标等以严谨规范的话语体系加以呈现，不断增加意识形态话语中政治话语的含量，提升意识形态话语的政治引领力和影响力。党的十八大以来，人类命运共同体、中国式现代化新道路、人类文明新形态、全过程人民民主等话语的提出无疑极大地丰富和延展了意识形态话语的内容。要善于运用喜闻乐见的通俗话语，增加大众性政治话语的生产，让人民群众真正地理解和把握党的大政方针的同时，不断拓宽意识形态话语的体系边界，为民间叙事和民间话语传播提供价值引领和规范。

最后，加强对外话语的建构。要以我们正在做的事情为中心，从中国实践和国际发展中提炼生动鲜活的素材，着力打造融通中外的新概念、新范畴、新表达，并通过讲故事的方式以理服人、以情动人，彰显中国主流意识形态话语的魅力，展示中国本真的负责任大国形象，切实破除西方的话语霸权。要积极构建优势领域对外话语体系，寻找新的价值话语源。① 中国要想改变国际话语的弱势地位，就需要扬长避短，找到自身的国际话语优势、西方话语弱势的方面，从这些方面集中发力构建自身国际话语权。近年来，极端气候事件频发、生物多样性减少、温室气体排放等问题越发严重，全球范围内生态环境破坏对人类造成严重影响，保护生态环境、构建环保经济成为全世界的焦点，世界亟须新的治理方案解决现有环境问题。中国积极承担国际责任，积极践行全球气候治理理念，在国内和国际社会上提出了合理有效的环保理念并进行了有效实践。中国可以在此基础上继续发力，在应对气候变化、环境治理等新问题的国际合作平台的议程设置、规则制定、治理理念上争取话语主导权。

四、拓展话语空间，增强话语传播力

话语空间是一个国家的话语权在国际上实施的影响力和实力场域，是一个国家在全球话语体系建构中的能力和实力的具体体现。改革开放以来，我国在话语空间建构与完善方面取得了突破性进展，成为全球话语体系建构的引领者。但是，仍面临着众多挑战，特别是在领域话语空间、区域话语空间的建构中②。新时代

---

① 刘艳房. 全人类共同价值视域下提升中国国际话语权的路径研究[J]. 学术界，2024（2）：83-92.

② 陈汝东. 新时代我国话语空间拓展的挑战与应对[J]. 人民论坛，2020（29）：106-108.

<<< 第四章 提升中国国际话语权的话语之维：以内涵式提升夯实基石

话语空间建构的主要成就有：一是完善了系列话语空间，如"中国梦"和"两个一百年"的国内话语空间，构建了民族复兴的话语框架；"文化自信""中华民族现代文明建设""中国式现代化"构建了中国特色社会主义话语框架；"人类命运共同体""区域共同体""一带一路"等全球话语空间范畴，为服务构建全球新秩序贡献了中国智慧，提供了中国方案。二是开拓了新的领域话语空间和区域话语空间。随着金砖国家合作组织、上海合作组织、东亚经济组织联盟等的建立与加盟，地理空间开辟的话语空间也在扩大。此外，中国在近地空间和外太空领域的空间也在延伸，北斗导航系统的组建和火星探测器的发射增强了中国太空话语权。三是正式空间和非正式空间都有发展。随着数字中国的建设和网络技术的发展，政府话语空间在不断拓展的同时，民间叙事空间也在拓展。中国互联网之光照亮全球，作为世界上网民人数最多的国家、全球最大的网络零售市场、全球移动支付普及率最高的国家，近年来，小视频、微电影等网络民间叙事媒体在不断拓展，其话语影响力不可小觑。在互联移动的背景下，几分钟内传遍全球，其海外传输力和影响力都会对国际话语认同产生影响，甚至影响到国际话语权的提升。

同时，在中华民族伟大复兴和百年未有之大变局下，我国话语空间面临着各种既有和新生的挑战，首先是意识形态话语空间的对冲。冷战结束后这种状态并未消失，反而随着中国改革开放后形成的一种关于意识形态的西方预期与中国强化的矛盾而更为激烈。这种矛盾的产生是单向的、不对等的，是西方传统冷战视域中的矛盾,即打压是一方蓄意为之。在西方话语优势的背景下,必然压缩了中国国际话语空间。其次是经贸话语空间的摩擦。改革开放以来,特别是随着中国经济的快速增长,基于经济利益博弈的担忧和恐惧与日俱增,成为经济摩擦的主要动因。近年来体现在技术创新领域的打压、高科技原创话语空间的挤压,经贸话语空间的挤压与反挤压、压制和反压制,都是这种摩擦的反映。再次是地理话语空间的军事冲突。伴随着改革开放进行,中国的领土空间主权宣誓趋于强硬,特别是海洋空间的主张引起了个别霸权国家不满,[①]南海侵扰时有发生,南海领域并不平静。随着"一带一路"倡议的实施和推进,冷战思维在担忧和恐惧下卷土重来,打着"重返亚太"的旗号,对中国进行挤压、侵扰。最后是虚拟空间和新技术领域拓展带来的对冲。中国在虚拟空间同样成绩斐然,5G技术的全球渗透,引起了西方国家恐慌与不安,开始围剿中国的虚拟空间话语权,近年来频频高发的华为事件就是其典型。此外,还有外层空间的对立,中国外层空间、话语空间发展迅猛,宇航员的升空、空间站的建立、航天器的发射、尖端制造领域话语权的争夺引发霸权国家的打压和制裁。同时,借助一些突发事件,打压和污蔑中国的言行时有发生,如疫情中西方国家的集体"甩锅",挤压中国话语空间的舆论造势,都成为新时代中国提升国际话语权、拓展话语空间所面临的挑战。

实际上,改革开放以来的各时期,我国话语空间的建构面临

[①] 陈汝东. 新时代我国话语空间拓展的挑战与应对 [J]. 人民论坛, 2020 (29): 106-108.

<<< 第四章 提升中国国际话语权的话语之维：以内涵式提升夯实基石

着各种挑战，如南海主权问题、钓鱼岛事件、南斯拉夫大使馆事件等，应对和化解这些危机的成功经验，为今天的话语空间建设提供了有益启发。面向未来、总结过去，新时代提升国际话语权的策略如下：一是意识形态领域，在坚持党的意识形态领导权的前提下，建立我国意识形态话语体系，以学理化、体系化夯实我国意识形态的根基。加大我国意识形态话语大众化叙事传播，推动意识形态认同与内化，夯实内部基础，增强意识形态敏锐性和辨别力，加大对大是大非的辨识度。在这个问题上，陈汝东提出"内外有别"的平衡战略对构建我国意识形态话语空间具有借鉴意义。① 二是，在突发事件问题上，如何在突发事件降临之际快速做出反应，形成有效的符号阐述与话语权力，通过国际传播实践问题有效提升国际话语权。在突发事件激起全球震荡之际，中国如何能够迅速从纷繁复杂的国际舆论场中提炼出具有影响力和传播力的诠释体系，从而形成话语权，首先是优先阐释定义。突发事件话语权形态应来源于公共话语生产中具有公信力的定义表达，要在繁杂的国际舆论场竞争中获得关注和认可，话语权的主体就必须公开透明地优先阐释对议题的定义。② 香港"修例风波"中记者付国豪被暴徒拘禁、殴打的事件应对启发我们，在突发事件发生之际，应当从多元主体的声音渠道，结合单向传播话语生产与互动传播话语生产集中强调一致的事实真相，优先阐释对突

---

① 陈汝东. 新时代我国话语空间拓展的挑战与应对[J]. 人民论坛，2020（29）：106–108.
② 赵贺，鞠惠冰. 话语空间与叙事建构：论突发事件国际舆论场域中的中国话语权[J]. 现代传播（中国传媒大学学报），2020，42（12）：51–55.

发事件议题的话语定义,并进行全球化传播,最大程度获得全球受众对客观事实的认同。其次是摈除对抗意识。2020年4月,外交部发言人华春莹在回应彭博社关于美国政要发表中国刻意隐瞒和造假新冠疫情数据的问题时,从三方面构建了争锋的话语体系,即中国的防疫举措、美国的防疫举措以及世界卫生组织和各国医学专家对中国防疫措施的相关评价,有理有据地对质疑进行回击,并强调中国"无意与他国陷入无谓的争论,但有必要陈述事实和真相"[1]。最后是构建公共叙事。应当抓住国际媒体机构全球化扩充发展的机遇,推动多元主体讲好中国故事,选择具有公共性的修辞框架,关注突发事件下社会生活的公共秩序状况,将社会生活的公共性与个人记忆的日常性相结合,通过构建公共叙事下的民心所向与真情实感,获得更广泛的全球认同。

---

[1] 赵贺,鞠惠冰. 话语空间与叙事建构:论突发事件国际舆论场域中的中国话语权[J]. 现代传播(中国传媒大学学报),2020,42(12):51-55.

第五章

提升中国国际话语权的叙事之维：
提高国际话语权的叙事能效

何为叙事？简而言之就是对涉事信息的传播，"叙说""事件或故事"。严格来讲，学科意义上的叙事学兴起于西方，今天对"叙事"的定义与表达，还在遵循西方叙事学的话语逻辑。但叙事在中国古时已有之，《国语·晋语三》中已有"纪言以叙之，叙意以导之"的表达。最早出现的"叙事"连用指的是"依序行事"，叙事在这里内蕴着一种极富秩序感的表达。叙事类型的分类如顺序、倒序这样的划分。今天叙事学已经超越了其本身的学科属性，向多个领域延伸，随着叙事热的兴起，叙事的概念也越来越泛化，"讲好中国故事"就是其中一个体现。

"叙事学"（Narratology）一词的出现是在1969年法国学者茨维坦·托多罗夫（Tzvetan Todorov）的《〈十日谈〉语法》中。20世纪70年代以来，叙事学成为一门具有独立研究对象和理论体系的学科。早期的叙事学也被称为"经典叙事学"。叙事学的研究更关注对叙事本身的研究，即不同的叙事之间有哪些共同之处，以及是什么允许它们具有叙事意义上的差别，而不太关注特定叙事的历史以及意义价值等。20世纪80年代中后期在西方进一步产生了许多跨学科流派，如女性主义叙事学、认知叙事学等，叙事学中的跨学科流派被称为"后经典叙事学"。与此同时，在国际关系建构主义研究领域也出现了"语言学转向"，叙事研究逐步从文学评论、历史学、教育学、心理学以及社会学理论等转至国际政治研究领域，并让学界认识到叙事在塑造以及表达政治身份、政治观点和意识形态中的重要作用。20世纪90年代，随着约瑟夫·奈提出"软实力"概念和国际关系实践的发展，软实力逐渐进入大国博弈的视野，日益成为综合国力竞争的重要组成部分。如何增强自身文化、政治价值观和外交政策的吸引力，提升国家软实力成为软实力竞争的核心话语。进入新时代，中国外交在"塑造可信、可爱、可敬的中国形象"方面积极作为，拜登政府也多次高调宣示"美国回来了"旨在重塑美国形象，是软实力话语在当代外交战略中的重要昭示。

关于叙事的定义，肯尼斯·伯克（Kenneth Burke）认为，叙事包含五大要素，即行为（act）、场景（scene）、代理人（agent）、中介（agency）和目标（purpose）。美国著名叙事学家西蒙·查特曼（Seymour Chatman）认为每一个叙事都由两部分组成：一是故事（story），即内容或事件的链条，外加人物背景等条件；二是话语（discourse），即内容通过什么方式传播。最早将叙事与政治研究联系起来的是兰斯·贝内特（Lance Bennett）和默里·埃德尔曼（Murray Edelman），之后，有关国际关系分析中语言学研究的作品大量涌现。2006年，沙乌尔·R·申哈夫（Shaul R. Shenhav）在《政治叙事与政治现实》提出叙事可用于政治研究，

<<< 第五章 提升中国国际话语权的叙事之维：提高国际话语权的叙事能效

其没有对"政治叙事"进行明确的定义，仅对政治叙事如何正确反映"政治现实"进行评估，并提出了进行评估的几种策略。

关于叙事与话语的联系与区别，学者们认为，"叙事"是指人类基于认知能力叙述有意义事件的行为，有意义事件的逻辑关系是人类社会交往沟通的基本逻辑。而"话语"则是指人们借助语言和视觉语言建构意义的社会实践。叙事和话语所言之"意义"在表现形式和价值意义方面有所不同，叙事主要回答"有什么"及"如何有"的问题，而话语则回答"为什么"及"有何关系"的问题，二者间的互动有助于研究的深入推进。①

第一节 叙事主题聚焦：道路·理论·制度·文化

《中国共产党章程》总纲强调，改革开放以来我们取得一切成就和进步的根本原因，归结起来就是：开辟了中国特色社会主义道路，形成了中国特色社会主义理论体系，确立了中国特色社会主义制度，发展了中国特色社会主义文化，为中国特色社会主义的叙事主题聚焦提供了理论指导和实践依据。在当今世界格局变迁与社交媒体深度内嵌人们社会生活，推进"中国式现代化"新时代背景下，从道路、理论、制度、文化四个维度，探求讲好中国故事，对提高国际话语权的叙事主题具有重要的理论价值和

---

① 曹青. 话语的叙事分析法：理论、方法及实例［J］. 话语研究论丛，2016（1）：1-21.

现实意义。

一、"中国道路"叙事:"民族复兴"与"现代化"

党的十九大提出坚持和发展中国特色社会主义的总任务,是实现社会主义现代化和中华民族伟大复兴,在全面建成小康社会的基础上,分两步走,在21世纪中叶建成富强、民主、文明、和谐、美丽的社会主义现代化强国,为中国特色社会主义道路叙事指明了发展方向和路径。中国道路叙事是以中国特色社会主义现代化实践为基础,以现代化和民族复兴为话语核心逻辑建构起来的,既具有社会主义的基本特征,更具有突出的中国特色。总结和提炼中国道路叙事,不仅有利于探索和建立新的理论框架,提升国家话语权理论体系,促进国际传播研究的叙事对话。还可以结合中国国际话语权的现实状况与国内外环境的现实要求,从实践层面为中国提升国际话语权提出可行的方法论,具有理论与现实的双重意义。

近代以来,中华民族遭受着严峻挑战和全面危机,开启了由传统走向现代的艰难转型。西方国家的资本主义模式率先开启了现代化进程,并扩张开来,促使"民族历史"向"世界历史"转变。在这个过程中"使未开化和半开化的国家从属于文明的国家,使农民的民族从属于资产阶级的民族,使东方从属于西方。"[①]1840年起,中华民族被无情卷入"三个从属于"的不平等

---

① 中共中央马克思恩格斯列宁斯大林著作编译局. 马克思恩格斯文集:第2卷[M]. 北京:人民出版社,2009:36.

<<< 第五章　提升中国国际话语权的叙事之维：提高国际话语权的叙事能效

体系中。"中国向何处去？"为了寻求答案，无数仁人志士不屈不挠、前赴后继寻求救国救民的道路。十月革命一声炮响，给我们送来了马克思列宁主义。中国共产党应运而生，担负起寻求救国救民光明道路的历史使命，其所开创的中国革命道路特别是中国式现代化道路改变了中华民族的命运，使其迎来了从站起来、富起来到强起来的伟大飞跃。[①]近代以来的中国历史已经昭示，中华民族以自己的接续奋斗和不懈探索，继实现民族独立人民解放后，走上了社会主义道路，经由改革开放走上了中国特色社会主义道路，开辟了一条不同于西方现代化的发展模式，那就是中国式现代化。中国道路叙事就是在这个进程中提炼出来的，内蕴中华民族的内在诉求，外显世界发展道路的多样性，涵盖了民族复兴逻辑、社会主义逻辑、人类社会发展逻辑，具有中华民族、世界社会主义、人类社会三重价值。

发轫于西方的现代化在世界历史进程中取得了"绝对权利"，不仅体现在军事地理、经济技术、政治制度上，更体现在"不自觉"地开启了新的发展——现代化发展进程上，"迫使一切民族——如果它们不想灭亡的话——采用资产阶级的生产方式；它迫使它们在自己那里推行所谓的文明"[②]。中国人在历次与西方打交道的过程中，逐渐产生了新的认识，即中国能不能近（现）代化、如何近（现）代化的问题，而且萌生了危机意识。20世纪末

---

① 唐爱军.中国式现代化道路研究[M].北京：商务印书馆，2023：234.
② 中共中央马克思恩格斯列宁斯大林著作编译局.马克思恩格斯文集：第2卷[M].北京：人民出版社，2009：35.

121

"亡国灭种，瓜分豆剖"成为近代中华民族危难的典型话语。在中华民族面临沉重危机的时刻，孙中山喊出了"振兴中华"的时代最强音，探求中国近代化、现代化，以实现"中华造就庄严、璀璨、世界第一之国家，要成为世界第一强国"。鼓舞了在近代军事技术与古老文明较量中屡遭质疑的中华民族继续探求现代化道路。历史已经证明，西方资本逻辑主导的现代化下，殖民地和半殖民地国家只有通过民族革命实现独立才能真正现代化。正如毛泽东指出的那样，"帝国主义列强侵入中国的目的，决不是要把封建的中国变成资本主义的中国。帝国主义列强的目的和这相反，它们是要把中国变成它们的半殖民地和殖民地"[1]。

  因此，近代中国要实现现代化的前提是实现民族独立。辛亥革命没能在中国建立起共和国，给了中国人深度反思和重新审视自己和世界关系的机会；新文化运动解放了人的思想，给马克思主义的传播提供了阵地，经过介绍研究和比较，历史和人民选择了这个来自西方却在一个落后大国成功实践的科学思想，中国共产党应历史征召登上了历史舞台，首先举起了民族独立人民解放的民主革命旗帜，为中国现代化开辟道路，新中国成立和社会主义制度的建立，为中国式现代化奠定了政治基础和制度基础。经过改革开放，中国特色社会主义走上了快速发展的快车道，中国仅用几十年时间就走完发达国家几百年走过的工业化历程，创造了"中国奇迹"，历史再次昭示中国选择这一现代化道路"走得对，走得通，走得好"，走出了一条中国式现代化道路。

---

[1] 毛泽东.毛泽东选集：第2卷[M].北京：人民出版社，1991：628.

<<< 第五章 提升中国国际话语权的叙事之维：提高国际话语权的叙事能效

从现代化本意来看，它关涉从传统文明向现代文明的"文明转型"，内含着文明进步的逻辑。对于中华民族而言，中国式现代化道路实现中华民族伟大复兴的正确道路，是使传统文明体整体转型、进入现代文明的成功通道。中国式现代化是中国人在长期革命建设和改革开放实践中探索而来的，突破了西方现代化的单一模式，中国通过极其快速、成功的现代化，使得自身从"三个从属于"的支配—依附关系摆脱出来。中国式现代化道路的成功也全面瓦解了西方对中国的话语规制，即用"传统—现代""野蛮—文明""落后—先进"阐释中国的二元框架。

二、"中国理论"叙事：马克思主义叙事与"两个结合"叙事

历史已经证明，没有马克思主义，没有马克思主义中国化，就没有今天的中国，就没有中华民族伟大复兴。理论的生命力在于不断创新，马克思主义理论武器的科学性在中国的实现过程，就是马克思主义中国化时代化的进程，马克思主义"行"在中国的根本表现就是中国特色社会主义理论体系"行"。习近平总书记在主持中共中央政治局第六次集体学习时指出"新时代中国特色社会主义思想的发展是一个不断丰富拓展并不断体系化、学理化的过程"[①]。今天，面对新的中国之问、世界之问、人民之问和

---

① 习近平在中共中央政治局第六次集体学习时强调 不断深化对党的理论创新的规律性认知 在新时代新征程上取得更为丰硕的理论创新成果 [EB/OL]. 中华人民共和国国防部，2023-07-01.

时代之问的重大现实问题，马克思主义中国化时代化不断进行新的理论创新，中国理论的叙事主题从理论和方法层面，集中体现为中国化时代化马克思主义叙事和"两个结合"叙事。

一是中国化时代化的马克思主义叙事，这既是中国话语的集中体现，也是中国叙事体系的重要组成部分，它根植于中华历史文化沃土和党的百年奋斗实践，形成于中国共产党探求中华民族伟大复兴的历史伟业，鲜明地展现了中国故事及中华民族精神。分析和研究中国化时代化马克思主义叙事话语的形成、来源与逻辑，对深刻把握中国化时代化马克思主义叙事话语的内涵和实质、提升中国化时代化马克思主义的理论国际话语权具有重要意义。中国化时代化马克思主义叙事话语是在中国共产党领导中国革命、建设、改革和新时代实践基础上逐步形成和发展起来的，其话语来源主要包括马克思主义话语、中国实践话语、中华优秀传统文化话语、广大人民群众话语以及国外其他先进文明话语等。从中国共产党成立到新中国成立之前，毛泽东在领导中国革命过程中，把马克思主义基本原理与中国革命实践相结合，批判了右倾和"左"倾错误，探索新民主主义革命规律，实现了马克思主义中国化时代化的第一次历史性飞跃。同时结合中华历史文化，构建了具有鲜明中国特色的革命叙事："农村包围城市、武装夺取政权""新民主主义革命总路线""人民民主专政"等叙事话语，成为中国化时代化马克思主义叙事话语的创新典范。

从新中国成立到改革开放之前，中国化时代化马克思主义叙事话语主要是依据马克思主义叙事话语和中国革命过程中形成的

<<< 第五章 提升中国国际话语权的叙事之维：提高国际话语权的叙事能效

叙事话语，以社会主义革命和建设实践为主题展开，形成了具有中国特色的社会主义改造和建设叙事话语。"统筹兼顾""百花齐放、百家争鸣"等，确立了社会主义建设中各领域的叙事话语。从改革开放到2012年党的十八大，中国化时代化马克思主义叙事话语在原有叙事话语的基础上，以改革开放和中国特色社会主义为主题展开，其突出成就是以邓小平、江泽民、胡锦涛为主要代表的中国共产党人在实践中提出和建构了改革开放叙事话语，实现了中国化时代化马克思主义叙事话语的新发展。党的十八大以来，中国化时代化马克思主义叙事话语以新时代坚持和发展中国特色社会主义、实现中华民族复兴为主题。"中国梦""以人民为中心""供给侧结构性改革""中国式现代化""人类命运共同体""党的自我革命"等话语，以宏大的叙事线索和宽广的话语视域，极大地创新和丰富了中国化时代化马克思主义叙事话语。

新中国成立后，中国共产党人总结中国革命历史经验，结合中国具体实际，提出了一系列符合中国特点的叙事话语。纵观其形成历程，中国化时代化马克思主义叙事话语有其内在逻辑，即以实践为基础、以国情为依据、以问题为导向、以人民为中心、以时代为参照、以大众化为取向。（1）实践基础。在党的历史发展中，中国实践在理论叙事话语创新中具有特殊意义，其与马克思主义中国化时代化是在理论指导实践—实践总结经验中不断建构其新的理论叙事。（2）国情依据。把马克思主义应用于具体环境才能创造适合具体国情的崭新理论。毛泽东指出："认清中国的国情，乃是认清一切革命问题的基本的根据。"新民主主义革命题理论的生成如斯，改革开放同样如此，新时代更是如此，习近平总书记也是立足中国国情，提出一系列新论断、新举措、新战略。"摸着石头过河，是富有中国特色、符合中国国情的改革方法。"①（3）问题意识。中国化时代化马克思主义叙事话语就是围绕解决中国现实问题而展开的叙事话语体系。围绕"什么是新民主主义革命、如何进行新民主主义革命""什么是中国特色社会主义、怎样建设中国特色社会主义""建设什么样的党、如何建设党""实现什么样的发展、怎样实现发展"等问题展开并形成系列战略指导。进入新时代，以习近平同志为主要代表的中国共产党人围绕"新时代坚持和发展什么样的中国特色社会主义、怎样坚持和发展中国特色社会主义"等重大时代课题进行了深刻思考和回答，提出一系列原创性的新概念、范畴、表述，形成了适应新时代的叙事话语。（4）人民中心。在唯物史观视域中，人民是历史的创造者，是人类社会发展的根本动力。中国共产党成立以来，紧紧围绕"人民"，形成了在实践经验基础上的"以人民为中心"的话语表达，丰富了中国化时代化话语体系。

二是"两个结合"叙事。习近平总书记在庆祝中国共产党成立100周年大会上的讲话中第一次明确提出"坚持把马克思主义基本原理同中国具体实际相结合、同中华优秀传统文化相结合"②，开辟了马克思主义中国化时代化新境界，又为中国共产党

---

① 习近平. 习近平谈治国理政：第一卷 [M]. 北京：外文出版社，2018：67-68.
② 习近平：在庆祝中国共产党成立100周年大会上的讲话 [EB/OL]. 求是网，2021-07-15.

领导人民续写伟大社会革命新篇章提供了科学的世界观和方法论，为新时代中国特色社会主义话语叙事提供了基本依据。在文化传承发展座谈会上，习近平总书记鲜明提出"第二个结合"的重大论断："'第二个结合'是我们党对马克思主义中国化时代化历史经验的深刻总结，是对中华文明发展规律的深刻把握，表明我们党对中国道路、理论、制度的认识达到了新高度，表明我们党的历史自信、文化自信达到了新高度，表明我们党在传承中华优秀传统文化中推进文化创新的自觉性达到了新高度。"①

"坚持把马克思主义基本原理同中国具体实际相结合、同中华优秀传统文化相结合"②，体现了内容与方法的辩证统一、认识论与实践论的辩证统一。江河万里总有源，树高千尺也有根。马克思主义是中国特色社会主义的源和根。作为一门科学的理论，马克思主义是在近代中国历经劫难的背景下，历史和人民选择的结果，有其历史逻辑和实践逻辑。实践证明一个国家实行什么样的主义，关键要看这个主义能否解决这个国家面临的历史性课题。百余年前，在中华民族积贫积弱、任人宰割的时期，为了拯救民族危亡，中国人民奋起反抗，仁人志士奔走呐喊，各种主义和思潮都进行过尝试，但都没能解决中国的前途和命运问题。十月革命一声炮响，给中国送来了马克思主义，在中国人民和中华民族的伟大觉醒中，在马克思列宁主义同中国工人运动的紧密结

---

① 习近平.在文化传承发展座谈会上的讲话[EB/OL].求是网，2023-08-31.
② 习近平.在庆祝中国共产党成立100周年大会上的讲话[EB/OL].求是网，2021-07-15.

合中，中国共产党应运而生，中国革命面貌从此发生了变化。中国共产党带领中国人民历经艰难探索，经过新民主主义革命、社会主义革命和社会主义建设，到中国特色社会主义，中华民族实现了从站起来、富起来到强起来的伟大历史飞跃。历史再次证明，中国特色社会主义不是从天上掉下来的，是党和人民历经千辛万苦、付出各种代价取得的根本成就。

　　进入新时代，中国共产党人以马克思主义为指导，从中国实际出发，在新征程上开辟了马克思主义基本原理同中国具体实际和时代特征相结合的新境界。比如，将马克思主义社会矛盾理论与中国特色社会主义的发展实践相结合，为社会主义社会发展理论注入了新的时代内涵；将马克思主义国家学说与共产党治国理政的实践经验相结合，创造了中国式现代化新道路和人类文明新形态；将马克思主义世界历史理论与人类社会发展的现实相结合，提出构建人类命运共同体、建设新型国际关系、共建"一带一路"等新理念、新思想、新倡议。把马克思主义基本原理与中华优秀传统文化相结合，是用马克思主义真理的力量激活了中华优秀传统文化，使中华文明再次迸发出强大精神力量。高度重视继承和弘扬中华优秀传统文化，开辟了马克思主义基本原理同中华优秀传统文化相结合的新境界。比如，将马克思主义群众史观与中国传统文化中的民本思想相结合，提出了"江山就是人民，人民就是江山"的发展思想；将马克思主义文化观、辩证思维与中国传统文化相结合，提出了文化自信、文化主体性；将马克思主义道德观与中华传统美德相结合，提出了社会主义核心价值观；将马

<<< 第五章 提升中国国际话语权的叙事之维：提高国际话语权的叙事能效

克思主义自然观与中国传统天人合一观念相结合，提出人与自然生命共同体的重大论断等。这些重大创新的理论成果和实践成就充分彰显"两个结合"走出了新时代中国特色社会主义的守正创新之路。

历史经验告诉我们，马克思主义只有本土化才能落地生根，只有时代化才能充满生机。马克思主义是随着时代、实践、科学发展而不断发展的开放的理论体系。一百多年来，中国共产党始终把马克思主义这一科学理论作为自己的行动指南，并坚持在实践中不断丰富和发展马克思主义。"两个结合"体现了新时代中国共产党人对马克思主义发展规律的深刻把握，从现实维度和历史文化维度相统一的角度，科学阐发了马克思主义在中国落地生根、根深叶茂的内在机理，拓展了马克思主义中国化时代化的丰富内涵和实现途径，对发展当代中国马克思主义、21世纪马克思主义具有十分重要的理论意义、实践意义、世界意义、时代意义。

中国特色社会主义道路的开辟不是偶然的，是我国历史传承和文化传统决定的。独特的文化传统，独特的历史命运，独特的基本国情，注定了中华民族必然要走适合自己特点的发展道路，这条道路就是中国特色社会主义。"两个结合"赋予中国特色社会主义道路独特性，增强中国特色社会主义制度优越性，巩固中国特色社会主义文化主体性。中国式现代化理论是"两个结合"的重大成果，中国式现代化深深植根于中华优秀传统文化，充分体现了科学社会主义的先进本质，借鉴吸收一切人类优秀文明成果，展现了不同于西方现代化模式的新图景，是一种全新的人类文明形态。中华文明赋予中国式现代化深厚底蕴，以中华优秀传统文化充实马克思主义的文化生命，推动马克思主义不断实现中国化时代化的新飞跃，显示出日益鲜明的中国风格与中国气派，中国化马克思主义成为中华文化和中国精神的时代精华。"两个结合"让马克思主义成为中国的，中华优秀传统文化成为现代的，让经由"结合"而形成的新文化成为中国式现代化的文化形态，丰富和发展了马克思主义文化理论，推动形成了习近平新时代中国特色社会主义思想的文化篇，也就是习近平文化思想。中国式现代化是赓续古老文明的现代化，而不是消灭古老文明的现代化；是从中华大地长出来的现代化，不是照搬照抄其他国家的现代化；是文明更新的结果，不是文明断裂的产物。

三、"中国制度"叙事：主体性（价值）叙事与先进性（科学）叙事

中国特色社会主义具有鲜明的制度优势。从人类制度发展历程角度看，社会主义最初是作为超越资本主义、个人主义的理想提出的，社会主义从理想到实践的发展，从制度设计到制度实践，贯穿和体现着这一核心价值，具有资本主义无可比拟的优越性。改革开放以来，社会生产力与人民生活水平有了很大提升，中国特色社会主义理论与实践不断发展，制度优势体现得更为充分。进入新时代，以习近平同志为核心的党中央，不仅在实践上深化改革，推动制度优势不断彰显，而且在理论上重视对制度优

<<< 第五章 提升中国国际话语权的叙事之维：提高国际话语权的叙事能效

势，做出大量阐释、解读、论证，注重向海内外讲好中国特色社会主义制度优势，"要积极创新话语体系、提升传播能力，面向海内外讲好中国制度的故事，不断增强我国国家制度和国家治理体系的说服力和感召力"[①]。党的二十大报告再次指出，要"加快构建中国话语和中国叙事体系，中国故事、传播好中国声音，展现可信、可爱、可敬的中国形象"，"形成同我国综合国力和国际地位相匹配的国际话语权"，[②] 为中国特色制度优势叙事指明了发展方向和实践指南。在已有研究基础上，总结提炼关于提高国际话语权的制度叙事体系主题建构，探讨制度优势叙事的叙事内容与叙事方法之间的互动关系，有利于进一步讲好中国制度优势、提升国际传播效能。

一是人民性叙事或主体论叙事。人民性叙事是中国制度优势的主体逻辑，人民性构成了中国制度优势的社会基础优势。首先，人民是制度服务的主体。这是由社会主义性质和特点决定的，这是党领导下人民当家作主的中国特色社会主义制度运转的逻辑必然。"为了谁"是制度服务的主题，集中体现了中国共产党人民主体的执政逻辑，是马克思主义群众史观的中国实现。作为一种行为规范和制约机制，制度首先是为人民的生产生活提供基本保障，保障人民的生存权、发展权。如《中华人民共和国民

[①] 习近平.习近平谈治国理政：第3卷［M］.北京：外文出版社，2020：129.
[②] 高举中国特色社会主义伟大旗帜 为全面建设社会主义现代化国家而团结奋斗：在中国共产党第二十次全国代表大会上的报告［EB/OL］中华人民共和国中央人民政府网，2022-10-25.

法典》第一千零二条明确规定：自然人享有生命权。自然人的生命安全和生命尊严受法律保护。[①] 作为国之大法，民法典对公序良俗的确认，尊重了人民生活选择和道德价值的人民服务原则，很好地体现了人民至上的价值遵循。中国制度规制下的社会运转有序，从根本上是满足人民的生活与发展需要。随着社会实践的发展和人民生活水平的提升、共享理念的贯彻落实、共同富裕和高质量发展的推进、高质量民生保障的实施、人民是社会发展进步和制度福利的最大受益者。人民是制度建设的主体。人民群众是历史的创造者。人民当家作主是马克思唯物史观的必然要求，是社会主义民主政治的本质和核心。充分尊重人民在实践活动中表现出来的自主性与能动性，认识到人民是历史的创造者，是社会发展的根本力量。在制度建设上，充分吸纳人民在社会活动中所表达的共同意愿、所创造的经验集合，发动人民创造历史的合力作用是中国制度优势的又一体现。人民是制度监督的主体。全过程人民民主是中国特色社会主义民主政治建设的重大历史成就，中国共产党推进全过程人民民主的成功实践及其思想理论、价值理念，在国内获得广泛认同，在国际上产生了深远广泛的影响。全过程人民民主一定程度上打破了西方垄断民主的定义权和解释权的一元化民主模式，因其"过程民主和成果民主、程序民主和实质民主、直接民主和间接民主、人民民主和国家意志相统

[①] 中华人民共和国民法典[EB/OL]. 中华人民共和国中央人民政府，2020-06-01.

<<< 第五章 提升中国国际话语权的叙事之维：提高国际话语权的叙事能效

一"①，以其"全链条、全方位、全覆盖的民主，是最广泛、最真实、最管用的社会主义民主"特点，②体现了超越西方民主的制度优势。其中程序民主蕴含的要义之一就是强调中国制度执行的人民监督，体现了"一切依靠群众"党的群众工作路线。此外，人民主体性也显示为"人民是阅卷人"，制度及其执行如何，通常体现了党的工作成效，也是作为阅卷人的人民评价答卷人的重要尺度。

由社会主义的本质属性和中国共产党的执政逻辑所决定，中国特色社会主义制度优势叙事首先应遵循"以人民为中心"的基本逻辑。制度的基本逻辑探讨的是制度的出发点或原始动因，反映制度为什么人服务的根本立场。人民性是行为决策的核心关键，中国制度坚持"以人民为中心"为制度设计基础逻辑，把人民作为制度思维的本质基点，在制度本性上将人民主体地位置于优先地位；在制度功能上紧抓人民社会生活的主要矛盾；在制度评价上紧抓为人民谋幸福的使命初心。因此，中国制度叙事要坚持人民性叙事，立足中国共产党人为人民谋幸福的立场，着力在上述维度，把握制度叙事主题，通过丰富的社会实践活动及理论学术活动，创新形式、拓展平台，生动形象地体现和呈现中国主体性叙事，展现中国制度优势，讲好中国故事。

---

① 金正波，亓玉昆，杨昊.全过程人民民主是最广泛、最真实、最管用的民主：践行全过程人民民主［EB/OL］.人民网，2024-03-08.

② 习近平：加强和改进人民政协工作　全面发展协商民主［EB/OL］.中国政府网，2024-02-29.

133

二是先进性叙事。习近平总书记指出："制度优势是一个国家的最大优势,制度竞争是国家间最根本的竞争。制度稳则国家稳。"[1]优而胜、优而稳是合规律性和合目的性的内在统一。马克思主义认为,制度优势内在于制度的合理性,这种合理性表现为制度内蕴含普遍承认的客观真理。制度优势的优,首先源于制度本身的真理性和科学性,即制度在理论形态上的先进性。任何一种制度要在理论形态上优于其他制度,必须在制度选择、设计、确立、革新时合乎历史规律,并在历史必然性逻辑中不断推动制度完善发展。中国特色社会主义制度在历史形态上超越了资本逻辑主宰的制度模式,其优势源于符合历史发展的规律性。马克思、恩格斯通过批判资本逻辑,揭示了人类超越资本主义制度的可能性,即人类历史的发展规律,从人的生存状态角度揭示了"人的依赖→物的依赖→自由个性"的人类社会发展规律。从理论上讲,中国特色社会主义制度在历史形态上超越了资本逻辑,属于马克思、恩格斯所构想的最高历史形态的低级阶段的初级阶段,符合人类社会从"物的依赖"向"自由个性"发展的必然规律和历史趋势。其次制度适应了国家发展的需要,能解决国家现实的问题、保障社会的平稳运行及人民的基本权益。中国特色社会主义制度就是把科学社会主义植入当代中国实际的制度进行尝试,它既承接了科学社会主义的真理性,又赋予其中国特色,具有鲜明的适应性特征。恩格斯指出："所谓'社会主义社会'不

---

[1] 习近平.坚持和完善中国特色社会主义制度 推进国家治理体系和治理能力现代化[J].求是,2020(1):4-13.

是一种一成不变的东西，而应当和任何其他社会制度一样，把它看成是经常变化和改革的社会。"① 中国特色社会主义制度的优势形成过程，就是中国共产党坚持以马克思主义为指导，在变革社会生产力、不断调试生产关系、解决社会矛盾中形成和发展起来的，是在发展中坚持基本制度不变的前提下不断推进制度更新的结果，因而是在合乎中国国情、适应生产力发展水平的基础上发展完善的，体现了马克思主义发展性的理论品质。

四、"中国文化"叙事：文化主体性叙事与人类文明新形态叙事

文化是一个国家、一个民族的灵魂。文化兴国运兴，文化强民族强。党的二十大报告指出，"全面建设社会主义现代化国家，必须坚持中国特色社会主义文化发展道路，增强文化自信"②"激发全民族文化创新创造活力，增强实现中华民族伟大复兴的精神力量"③。中国特色社会主义文化是党领导中国特色社会主义建设的文化体现，有其历史文化根源和现实基础，在5000多年文明发展中孕育的中华优秀传统文化，在党和人民伟大斗争中孕育的

---

① 中共中央马克思恩格斯列宁斯大林著作编译局. 马克思恩格斯全集：第37卷 [M]. 北京：人民出版社，1971：443.

② 习近平. 高举中国特色社会主义伟大旗帜　为全面建设社会主义现代化国家而团结奋斗：在中国共产党第二十次全国代表大会上的报告 [EB/OL]. 中华人民共和国中央人民政府，2022-10-25.

③ 习近平. 高举中国特色社会主义伟大旗帜　为全面建设社会主义现代化国家而团结奋斗：在中国共产党第二十次全国代表大会上的报告 [EB/OL]. 中华人民共和国中央人民政府，2022-10-25.

革命文化和社会主义先进文化，积淀着中华民族最深层的精神追求，代表着中华民族独特的精神标识，构成了中国特色社会主义文化自信的独特来源。新时期繁荣发展社会主义文化，增强人民的精神力量要着力于传承发展、丰富拓展这三大文化，夯实文化自信的基础，筑牢中华民族团结奋进的思想基石。进入新时代，对外话语叙事体系建构中的"中国文化"叙事要聚焦于增强文化自信的文化主体性建构，展现丰富生动的中国人民形象，擘画中国建构人类文明新形态的宏伟蓝图，在人类文明历史书写蕴含展示文明形态多样性和文明内涵丰富性双重意涵的中华民族现代文明建设的新篇章。

（一）文化主体性叙事

在文化传承发展座谈会上，习近平总书记强调"任何文化要立得住、行得远，要有引领力、凝聚力、塑造力、辐射力，就必须有自己的主体性"[①]，为我们在新时代坚定文化自信、建设中华民族现代文明提供了根本遵循，指明了前进方向。回望来时路，中华民族的文化主体性在与世界文明的交流交往中得到建构和形塑，在守正创新的过程中不断巩固和完善。站在新的起点上，需要担负起新的文化使命，以贯穿过去、当下与未来的能动意识，实现传统与现代、民族与世界的交融汇通，在提升文化自觉、增强文化自信的基础上走向文化自强，真正挺立起中华民族的"文

---

① 习近平. 在文化传承发展座谈会上的讲话［EB/OL］. 求是网, 2023-08-31.

化自我"。

从哲学角度讲,"主体"作为一种关系范畴,在与"客体"的对象性关系中彰显出自身的能动性和自主性,是认识和改造对象世界的出发点和落脚点。文化主体性凸显出一个民族对其自身文化的自觉意识和自信程度。回顾中国近现代历史可以看到,没有文化主体性,不仅国家和民族的发展会迷失方向,沦为强势文明的附庸,个体亦会陷入身份认同的迷茫,成为无根的浮萍。

中华民族的文化主体性植根于对自身文化传统和价值的自觉自信。中华优秀传统文化是中华民族安身立命的精神根脉,经过长期历史积淀孕育而成的中华文化精神,潜移默化地影响着人们的社会生活实践,成为支撑我们国家和民族蓬勃向上、持续发展的内在动力。仁者爱人、贵和持中、刚柔相济、和而不同的多重文化精神,作为中华民族的内在思想源泉,塑造了国民的精神气质和文化风貌,构筑起中华民族共有的精神家园,对于中华文化生命体而言起到了重要的凝聚和引领作用。

中华民族的文化主体性形塑于经济全球化的时代背景和现实语境。19世纪40年代,中国的国门在列强的坚船利炮下被迫打开,在多元文化的交锋中,许多仁人志士第一次"睁眼看世界",重新审视千百年来的文化传统,探寻化解"古今中西之争"的文化方案。文化主体是一种对象性的存在,没有不同文化之间的互动和对话,就难以达成真正的文化自觉与文化自信。当今人类已经进入普遍交往的经济全球化时代,共时性的社会结构已然形成，各种文化形态由封闭隔绝的离散时空转向"你中有我、我中有你"的同步时空。随着中国大踏步走向世界舞台中央，中华民族以独立的文化主体姿态在世界文化激荡中站稳脚跟，这就需要我们摒弃二元对立、非此即彼的"中心主义"范式，在与"他者"文化的交流交往中取长补短、携手共进。

（二）人类文明新形态叙事

2023年2月7日，习近平总书记在学习贯彻党的二十大精神研讨班开班式上的重要讲话中指出："中国式现代化，深深植根于中华优秀传统文化，体现科学社会主义的先进本质，借鉴吸收一切人类优秀文明成果，代表人类文明进步的发展方向，展现了不同于西方现代化模式的新图景，是一种全新的人类文明形态。"[1]实践是理论之源，习近平总书记提出和阐发的"人类文明新形态"这一范畴，根植于中国式现代化的伟大实践，延续着马克思主义和中华优秀传统文化的基因和血脉，具有十分丰富的理论内涵，是人类文明观的重大创新。

人类文明发展有基本的共同规律，但并非整齐划一，是文明发展客观性与主体选择性、必然性和偶然性的统一。从人类文明形态的角度看，人类历史的发展与变迁，表现为不同文明形态不断演进更替的过程，这一过程主要取决于生产力和生产关系的发展及其相互作用，体现为客观过程。但是就具体的民族历史而

---

[1] 习近平在学习贯彻党的二十大精神研讨班开班式上发表重要讲话[EB/OL]. 中国政府网，2023-02-07.

言，文明发展状态并非严格按规律演进，其中主体选择性表现出巨大的作用，各国处于同种文明形态，却因为每个国家历史、文化、国情和现实选择的差异表现出不同的特色，形成了各种不同的文明形态。因此，文明既有共性，也有个性，形态不同的文明的共性和个性共同构成了世界文明发展的大花园。

中国式现代化有其自身文明特色。从经济文明看，不仅要实现物质财富增长，更要实现共同富裕。与西方产生"两极分化"现象的分配方式不同，中国式现代化把全体人民共同富裕设定为核心目标。这种分配方式极大地激发了广大劳动者的积极性和创造性，在"四化同步"的现代化建设中，用几十年地实践赶上西方几百年的工业化，历史性地解决了绝对贫困问题，创造了经济快速发展和社会长期稳定两大奇迹。从政治文明看，以人民当家作主为核心，发展全过程人民民主，保障和实现人民政治、经济、文化、社会和生态等广泛权利的真实的民主。与西方"休眠式民主"，即只注重程序民主而忽略实质性民主形成鲜明的对比，在中国式现代化进程中，人民当家作主更为扎实，基层民主活力增强，人权得到充分保障。全过程人民民主形成了全体社会成员意愿和要求的最大公约数，是人类政治文明的一大创新。从精神文明看，以马克思主义为指导，大力发展社会主义先进文化，推动社会主义核心价值观融入社会生活、融入法治建设，不断丰富人民精神世界。提出坚定文化自信，第二个"结合"巩固文化主体性，强调文化精神独立，为中华民族伟大复兴提供了精神动力支撑；加强理想信念教育，传承中华文明，形成了具有强大凝聚力的社会主义意识形态，引领着中国式现代化的前行方向。中国人民的文化自信显著增强，全社会的精神面貌焕然一新。从社会文明看，以人民日益增长的美好生活需要为目标，加强保障和改善民生，在推进国家治理体系和治理能力现代化中，不断探索完善共建、共治、共享的社会治理，实现活力和秩序的有机统一；在生态文明方面，不断探索人与自然和谐共处的有效方式，实现开发和保护的统筹兼顾。中国式现代化的文明创造，以促进实现物质富裕、政治清明、精神富足、社会安定、生态宜人为目标设定，在人类历史上第一次使五大文明协调发展成为可能。不仅于此，中国式现代化致力于和平发展，推动构建人类命运共同体，努力创造促进世界共同繁荣发展的人类文明新形态。与历史上西方对外扩张掠夺的现代化老路、文明的发展以其他文明的凋敝为代价的现代化不一样，中国式现代化坚定站在历史正确的一边、站在人类文明进步的一边，努力为人类和平与发展做出贡献。新时代以来，中国共产党和中国人民高举和平、发展、合作、共赢的旗帜，弘扬平等、互鉴、对话、包容的文明观，从倡导共建"一带一路"到提出全球发展倡议、全球安全倡议、全球文明倡议……向世界传递了和平、和睦、和谐的理念，推动实现和平发展、互利合作、共同繁荣的世界现代化。

中国式现代化的人类文明新形态强调文明的互动、互鉴，是达成"和而不同""求同存异"状态，通过各文明在不断努力扩大的程度上和日益深入的交融中，认识文明之间的相通性、差异性及其影响，深化对文明发展共同规律和特有道路的认识，凝结成某种共同体（如命运共同体）。进行文明之间的比较、互动与互鉴研究，把各文明置于人类世界的宏大框架之内，把握文明横向的互动与互鉴趋势来揭示世界文明迈向高阶新形态的历史必然性。

第二节 叙事策略创新

　　随着数字技术变革，世界进入深度媒介化和数智化时代，人们的交往关系发生了深刻变化，社交媒体成为国际舆论交锋的重要场域。中国叙事不仅在传统媒介传播领域占据重要位置，在社交媒体等新兴交往环境中的功能影响与实践现状也需要被重点关注和深刻反思。进入新时代以来，在文化价值、政府政策及外交领域的软实力建设方面，中国高度关注并已取得了显著成效，中国影响力不断提升，但仍存在需要提升的领域和空间。鉴于目前国际格局的嬗变和国际形势的复杂，在推动构建人类命运共同体中，中国国际话语叙事尤为重要，能不能将真实的中国、发展中的中国很好地传递给世界，需要借助于话语的生产和输出，通过中国叙事建构，让世界"懂得中国""理解中国"，进而"认同中国"是中国叙事的重要使命，在沟通中国与世界的话语交流中，叙事策略尤为重要。正确的叙事策略有助于推动世界对中国的正确认知，构建起全面客观的中国形象，提升中国的国际话语权；反之亦然。叙事策略创新主要包括建构主导叙事、拓展叙事空间、突出叙事语境等。

一、主导叙事建构上，正确运用话语策略，形成话语合力

话语策略是使普通话语成为主导叙事的途径与手段。普通话语在广泛传播之前，通过话语策略建构主导叙事的基础生成。话语生成阶段包括三个过程，分别是话语编码、身份关联以及设置情节。话语编码创建了话语策略所传播的元叙事，通过内嵌逻辑，关联现实角色与身份，并通过设置情节来重新叙事。经过元叙事、身份再关联以及情节的设置，发起国实现了话语的文本化重构，该主导叙事就已产生，完成了生成阶段的三个环节。

叙事即讲故事，应包含角色、情节、情境等主要内容要素。通过将对象国外政策、外交话语以及外交行为与前一阶段所设置的政治符号糅合创造，向本国国内民众及国际社会上的其他国家讲述情节丰富的新故事，从而向受众传递发起国想要传达的信号，将对象国与话语内容紧密联系，纳入国际社会及国内政治行为体的议事议程中，实现议程设置的作用，将这部分内容深嵌入相关群体的认知结构中，从而为第三阶段的政策转化提供知识背景与认知印象。

一个完整的叙事过程应该包括说话人、受众、语境以及故事情节等要素。故事情节是叙事过程中最关键的一个环节。话语不是单独出现的，必将根据所处时代的不同、语境的不同具有不同的意义。与所处的背景知识相联系、框定，即通过叙事突出某一部分内容，使之成为社会化进程的一部分，从而引发相关行为体

第五章 提升中国国际话语权的叙事之维：提高国际话语权的叙事能效

的关注，并据此制定政策以应对变化。叙事既可以表达为过程，又可以表达为行为。在过程中，角色、情境、故事情节都是不可或缺的组成部分。"话语加工不仅是一个认知事件，也是一个社会事件。"[1] 作为讲故事的过程，叙事发起者通过运用不同的话语策略，能够塑造出重点不同、关联不同、情节走向不同的差异性叙事。

在叙事运用阶段，元叙事生成后，国家选择性运用话语策略使该话语迅速成为国际舆论中传播的主导叙事，以获取、巩固本国利益。话语的传播具有生命周期，从生成、广为传播到逐渐淡化都需要发起国通过话语策略的运用来实现。运用阶段的路径主要有三个，分别是组建话语联盟、突出叙事语境以及配合政策调整。话语联盟是在传播运用阶段，通过话语策略建构主导叙事的基础与前提。在国际上，存在一个国家与国家之间或国家与国际组织之间的大话语共同体；在国内，由政府、学者智库及媒体三个行为体构成一个小话语共同体，两个共同体共同生成、传播同一个叙事，使其确立并巩固在国际社会中主导叙事的地位与作用。在国际社会中同时发声，为促进某种话语成为主导叙事共同做出努力，这两者就可以称为一个话语联盟。话语联盟只具有意识形态上的共同关系，共同体内部关系相对松散，以成员之间的身份认同为主要构建方式。组建话语联盟，能够加速扩大主导叙事在国际社会中的运用，增强传播效果和影响力。当话语联盟共

---

[1] DIJK V, ADRIANUS T, KINTSCH W. Strategies of Discourse Comprehension [M]. New York: Academic Press, 1983: 6.

143

同、集中讲述"一个故事"的时候，该主导叙事就已经成为国际话语传播的优先议程，大部分成员用"同一种声音说话"。话语联盟的发起国是主导叙事的核心行为体，也是运用话语策略的主要行为体。在国际话语传播的过程中，话语发起国的国内以政府、学者智库、媒体作为国内话语共同体。政府和学者需要媒体作为传播渠道与信息载体向国际社会投送主导叙事，同时这两个主体向媒体提供内容、观点与资金，以保障媒体的存续。受福柯"知识—权力话语"这一主要观点的影响，当前国际政治语言学已广泛接受"知识权力"观点，即知识能够产生权力，知识指人的知识，由知识构成的叙事，也就是叙事能够直接产生权力。通过在国际范围内建立一个话语共同体，也就是话语联盟，能够最大限度地确立某一个叙事的主导地位，增强受众的理解与认同，提高合法性与制度性。①

在主导叙事的传播路径上，初期主要通过政治漫画、学术著作等方式将其纳入国际社会的政治议程。在获得一定的国际政治舆论影响力后，发起国通过确立主导话语和政策关联以强化叙事的内容和主体，从而塑造更具有政治影响力与传播力的主导叙事。话语制度化赋予了该话语合法性并获得内化，使其在社会中得到进一步巩固，能够使该主导叙事得以稳定传播。有学者在考察美国智库的发展与舆论传播功能时指出，利用新媒体向国际社会进行传播是美国智库重要的功能之一。因此，在运用话语策略

---

① 李丹岑. 美国对华话语策略与主导叙事建构［D］. 北京：外交学院，2023.

第五章 提升中国国际话语权的叙事之维：提高国际话语权的叙事能效

以建构主导叙事的过程中，主要关注三个主体，分别是政府、学者智库及媒体。

当主导叙事经过话语编码后，其主要特征就可以被概括为一个或多个关键词、句，以简练的信息方式被重复与传播。在话语传播这一阶段，建立主导话语能够在国际社会形成制度化的惯习。主导话语的社会传播具有重要意义，具有一定的规范性和导向性。政府作为国家的主要行为体，是对外话语建立与宣传的权威。

二、突出叙事语境

一是利用话语策略突出语境。语境也是塑造话语影响力的重要元素。不同语境中语言运用通常会产生不同效果。同一话语在不同语境中能产生不同的影响。通过使用富有情感的修饰语突出强调某个内容或主体或有选择性地强调某个话语片段与情节，渲染主导叙事氛围。如西方媒体在报道俄罗斯与乌克兰之间的战争时，倾向于使用"非法入侵""残酷战争""大量伤亡"的负面字词，将俄罗斯定义为侵略者身份，刺激了受众的负面情感，引发人们对乌克兰的同情。在国际政治中，这种话语策略就是通过有意识地使用修辞的话语策略来建构其主导叙事，巩固其话语权以建构其话语体系。

二是灵活调动国内不同的话语主体，通过在同一个阶段或时期集中叙事，从而塑造出一种紧张或急迫的氛围。政府是建构主导叙事的第一行为体，它既是发起者，又是传播者。政府领导人以及主要官员在公开场合的演讲，发布的正式国家文件以及其他形式的游说与会谈都能够突出主导叙事的应用语境与压力氛围。发表具有个人特色的言论是政府领导人构建主导叙事的话语策略之一。学者与智库能够为叙事提供理论与实践上的合法性论证，是主导叙事的内容来源之一，能够通过科学论证或学术探讨进一步向国际社会推介发起国想要传播的主导叙事。媒体是对叙事进行传播与阐释的主体。随着新媒体时代的发展与科技进步，媒体能够操控传播叙事的热点与进程。信息化条件下，媒体作为信息传播的主要渠道，具有跨越时空局限，将世界各地事件传递到世界各地，从而能够在传播中进行议程设置并塑造公众意识。"阿拉伯之春"被西方媒体称为"推特革命"，西方媒体对社交媒体的操控与运用凸显了媒体在塑造政治议题方面的能力。媒体在传播过程中，以构建主导叙事的某种政治符号为象征，通过话语策略的使用引发受众关注。媒体在建构主导叙事时是以政府为核心，通过文本与图像的不断重复与特定指向，向受众发出预警与行动倡议，其方式是潜移默化的。

第三节　叙事的全球建构：提升国际传播效能

按一般叙事学的界定，凡是具备话语表达（叙述）和事件两个要素，就可以构成叙事（Narrative），作为实践性强的国际话语权提升，不仅需要话语体系构建，更需要结合事件，阐明中国

<<< 第五章 提升中国国际话语权的叙事之维：提高国际话语权的叙事能效

立场、观点和方法的叙事体系建构，以真正讲好中国故事，传播好中国声音。从叙事学的角度看，中国叙事占据了中国特色社会主义理论体系和实践的话语中心，是中国国际话语权提升的重要路径。基于话语和叙事之间的内在关联，在运用话语阐释中国实践、中国事件时，又形成中国叙事体系。

提高国际话语权作为中国特色社会主义大国外交的重要组成部分，是国家战略的重要组成部分，其涉及国内外、整体局部、重点和非重点等关系，需要运用战略思维，在遵循规律的基础上把握发展趋势，做到未雨绸缪，防患于未然。习近平总书记强调，要全面提升国际传播效能，提出了新时代中国国际传播的任务，为国际传播工作超越传统外宣框架，切实提高国际话语权提供了战略策略指导。

（一）建设适应新时代国际传播需要的专门人才队伍。国际传播效能如何关键在人。中国故事讲得好不好，能不能传播开来，能不能为受众所接纳，传播者及其工作是关键。培育立场坚定，具有有家国情怀、国际视野和专业本领，包括熟练的中外文能力、跨文化交际、思辨能力、良好的传播素养、传播方法和技术等传播手段，知彼知己，能够在对话中用受众易接受的方式客观、全面、多维度地展示中国的过去、现在的人才队伍，为全面提升传播效能提供基础、前提和根本保障。

（二）要加强国际传播的理论研究，掌握国际传播的规律，构建对外话语体系，提高传播艺术。关于理论研究，要加强国际传播基础理论的挖掘研究。一年来从"回到中国""全球中国"

到"可沟通的中国",国际传播理论表达的中国性得以彰显,但基本的理论贡献仍嫌不足,需要进一步借鉴其他学科的理论资源,打造多元创新点。进一步完善全球传播的叙事内容、方式,通过多元主体讲述中国故事,构建数字平台,以"技术+""平台+"的方式优化传播策略,积极与全球国际传播新风向接轨;建立健全将理论研究和构建对外话语体系、传播实践相结合机制体制,推动国际传播的"他者"视角话语创新,构建中国话语语境,在以理论引领实践,以实践推进理论中构建中国特色、世界观照、国际传播理论。

(三)传播路径上,构建多主体、立体式的大外宣格局。树立全球视角的叙事视域,打造具有国际影响力的媒体集群,构建起全方位的叙事平台。当前,疫情带来地理空间迁移流动上的相对阻滞,给全球范围内的数字公共交流提供了空间,既有全球交流生态风险增加,同时"情感转向"成为数字空间中的交往行为特点之一,需要关切和回应这些挑战,转换传播姿态、释放人民群众国际传播潜力,在正确发声和传播方式上,要采用贴近不同区域、不同国家、不同群体受众的精准传播方式,以融通中外的叙事表达,推进中国故事和中国声音的全球化表达、区域化表达、分众化表达,增强国际传播的亲和力和实效性。在传播圈层上,要广交朋友、团结和争取大多数,不断扩大知华友华的国际舆论朋友圈。传播策略上,要讲究舆论斗争的策略和艺术,提升重大问题对外发声能力,给新时代国际传播提供了路径和策略指导。

第六章

提升中国国际话语权的实践之维：
夯实国际话语权的坚实基础

　　社会实践推动着话语体系的范式转换要与时代发展相适应，与时代割裂的话语体系很难立足。新时代提升国际话语权，要在推动中国式现代化的进程中，以理论创新引领实践创新，夯实中国提升国际话语权的物质基础，凸显世界现代化发展中的"中国模式"，以中国式现代化道路的历史成就与实践效力，向世界展示中国现代化发展新形象。中国特色社会主义伟大实践、伟大事业和伟大成就是新时代提升中国国际话语权的强大基石，是提升国际话语权的有利保证和强大后盾。话语权本质上是国家经济、政治、军事、文化等多重力量的外化与折射，提高国际话语权一方面要以增强国家软实力为主要任务，通过提高话语内容质量、改善国际话语环境、增强国际传播能力等举措，提升中国特色社会主义的国际影响力。另一方面，要加快经济、科技、军事的发展，夯实中国式现代化的强大根基，实现有体量、有质量、可持续的现代化发展，不断提升综合国力和国际影响力，为现代化话语提供基础物质保障与合法性支撑，为提升中国特色社会主义国际话语权打下坚实基础，提供强大势能。

第一节　中国式现代化发展提供的实践基础

马克思主义认为，在人类文明发展过程中，生产力起到决定性作用，随着生产力的发展，人与人之间的交往关系、社会权力和生存形态都发生了变化，从而推动文明形态的发展。在现代文明生成与发展的过程中，西方资本主义国家起到了主导作用。这一主导作用不仅体现在推动发展的物质权力中，而且体现在建构秩序的话语权力上。话语性权力的获得要以物质性权力为基础，而话语性权力又能够为获得物质性权力创造条件，二者是相辅相成的。因此，对中国而言，要在新型现代文明形态建构过程中提高国际话语权，首先要以努力获得构建新型现代文明形态的物质性权力基础，以中国式现代化推动经济高质量发展，夯实话语性权力的物质技术基础。

一、以经济高质量发展夯实国际话语权的物质根基

强大的硬实力是提升国际话语权的坚强基石。国际话语场域中占统治地位的话语是占统治地位的硬实力在话语上的表现。从根本上说，"把自己的事情搞好"，是增强在国际事务中的话语影响力的决定性要素。就中国而言，进一步深化改革，以供给侧结构性改革推动经济高质量发展，建设现代化经济体系，发挥我国

的市场优势，以全方位、多层次、多元化的开放合作破解美国的"去中国化"图谋，是打破西方话语主导，提升中国国际话语权的重要路径。

（一）把握和引领经济发展新常态，推动供给侧结构性改革，实现高质量发展

经济发展新常态，是以习近平同志为核心的党中央综合分析世界经济周期和我国发展阶段性特征及其相互作用而作出的重大判断。2008年的国际金融危机给世界各国都造成了严重影响，从2011年开始，中国经济的增长速度开始下行，持续多年的两位数高速增长逐步调整为个位数的中高速增长。2014年5月，习近平总书记在河南考察工作时首次提出"新常态"重要论断。2017年12月，中央经济工作会议强调坚持适应把握引领经济发展新常态，立足大局，把握规律。中国经济进入经济发展新常态主要表现为：增长速度从高速转向中高速，发展方式从规模速度型转向质量效率型，经济结构调整从增量扩能为主转向调整存量、做优增量并举，发展动力从主要依靠资源和低成本劳动力等要素投入转向创新驱动。新常态是指经济发展进入高效率、低成本、优结构、中高速、可持续的发展阶段，表现为经济增长速度从高速增长转向中高速增长，经济结构从增量扩能为主转向调整存量、做优增量并存的深度调整，经济发展动力从要素驱动、投资驱动向创新驱动转换三大特征。

马克思认为，在社会生产和再生产中，"一定的生产决定一

定的消费、分配、交换和这些不同要素相互间的一定关系"①。在《〈政治经济学批判〉导言》中马克思系统地论述了生产与消费相互作用的辩证关系。他指出："生产生产着消费……没有需要，就没有生产。而消费则把需要再生产出来。"②习近平总书记指出，供给和需求"是既对立又统一的辩证关系，二者你离不开我、我离不开你、相互依存、互为条件"③，习近平总书记指出："一个国家发展从根本上要靠供给侧推动。一次次科技和产业革命，带来一次次生产力提升，创造着难以想象的供给能力。当今时代，社会化大生产的突出特点，就是供给侧一旦实现了成功的颠覆性创新，市场就会以波澜壮阔的交易生成进行回应。"④在市场经济条件下，企业要想在激烈的市场竞争中生存下来并不断发展，必须进行创新、成为创新活动的先行者，以生产更加物美价廉的新产品更好地满足市场需求，从而打破旧技术条件下市场供需相对均衡的态势并获得高额回报，会吸引其他市场主体效仿创新，逐渐淘汰落后产能，在市场竞争作用下，社会经济技术水平就会不断上升到新的层面，新的市场需求就会不断被创造出来并得到满足，经济发展质量也会不断提高。因此，从供给一侧入手，以改革的方式推动生产要素、产业结构、生产者三个层次实现变革，生产

---

① 中共中央马克思恩格斯列宁斯大林著作编译局.马克思恩格斯全集：第46卷（上册）[M].北京：人民出版社，1979：37.
② 中共中央马克思恩格斯列宁斯大林著作编译局.马克思恩格斯全集：第46卷（上册）[M].北京：人民出版社，1979：29.
③ 习近平.习近平谈治国理政：第二卷[M].北京：外文出版社，2017：255.
④ 习近平.习近平谈治国理政：第二卷[M].北京：外文出版社，2017：255.

质量好又具有竞争力的产品，满足市场需求，是推动和引领经济发展新常态的重要路径。通过走创新驱动发展之路，不断推动产业结构升级，贯彻落实新发展理念，实现经济的高质量、可持续发展，增强经济发展内生动力，增强在国际事务中的话语影响力。

当前，要紧紧抓住新一轮科技革命和产业变革的机遇，以科技创新推动产业创新，以优质高效供给满足有效需求，以新产业、新模式、新业态创造引领新需求。新质生产力是以全要素生产率大幅提升为核心标志的先进生产力，对高质量发展具有强劲推动力、支撑力，深化供给侧结构性改革，要深化经济体制、科技体制等改革，着力打通制约新质生产力发展的堵点、卡点，建立高标准市场体系，创新生产要素配置方式，让各类先进优质生产要素向发展新质生产力顺畅流动。

（二）深化市场经济体制改革，正确处理政府和市场的关系

推动有为政府和有效市场各司其职，协调运转。我国经济体制改革的核心问题就是政府和市场的关系问题，进入新时代，国际形势更为复杂严峻，世界经济不稳定性因素增加，国际经济形势整体低迷，世界经济增长动能不足，地区热点问题频发，外部环境的复杂性、严峻性和不确定性上升。从国内经济形势看，我国经济面临着资源配置不均衡、资源消耗问题严重的现实问题，面对世界经济深度衰退、国际贸易和投资大幅萎缩、国际金融市场动荡、国际交往受限、经济全球化遭遇逆流、一些国家保护主义和单边主义盛行、地缘政治风险上升等不利局面，谋求我国发展需要新的出路。

当今世界，最稀缺的资源就是市场。市场规模的大小，在现代世界竞争和博弈中，具有重要地位，因为其关系到商品销售和市场份额及整个利润问题。市场越大，地位越高，越拥有话语权。2020年，中国消费市场达到6万亿美元，位居世界第二，只比美国少3000亿美元。中国是世界上最大的市场之一，也是全球最具潜力和发展空间的市场，2023年习近平总书记在广东考察时指出，"中国市场是个海洋，我们拥有世界上最大的消费市场，正加快构建国内国际相互促进的'双循环'，不断改善营商环境，在当前全球经济面临困难的情况下，中国的市场优势将会更加明显"[①]。市场资源是我国的巨大优势，但消费还没有完全开发，也尚未形成开放、有序的国内统一大市场。在当前全球经济面临困难的情况下，必须充分利用和发挥这个优势，不断巩固和增强这个优势，形成构建新发展格局的雄厚支撑。

要坚持扩大内需这个战略基点，用好国内需求潜力巨大的优势，根据我国经济发展的实际情况，建立起扩大内需的有效制度，释放内需潜力，加快培育完整内需体系，加强需求侧管理，扩大居民消费，提升消费层次。同时，也要充分发挥中国市场竞争化、一体化、开放化、有序化的巨大优势，使建设超大规模的国内市场成为一个可持续的历史过程。要继续用足用好改革这个关键一招，建设"统一开放、竞争有序"的市场体系，破除阻碍要素流通的行政性壁垒和利益藩篱，推动生产要素的自由流动和优化配置。深化要素的市场化配置改革，完善主要由市场决定要

---

① 推进中国式现代化 | 高质量发展是首要任务［EB/OL］. 人民网，2023-07-18.

素价格的机制，强化竞争政策基础地位。政府要加强对要素的价格管理和监督，清理废除妨碍统一市场和公平竞争的各种规定和做法，让各种要素自由有序流动，营造统一公平市场。可以通过试点，根据地区发展层次不同，有区别地实现区域一体化发展，总结经验向全国推开，同时地区间相互开放，最终形成开放、竞争、有序的全国统一大市场，为我国经济发展提供公平竞争的市场环境，促进有序竞争和有效竞争，推动实现高质量发展，夯实话语权的物质基础。

二、以"人民为中心"厚植提升国际话语权的价值根基

坚持以人民为中心，是中国共产党始终不渝的价值追求，也是党能够凝聚起革命建设和改革开放磅礴伟力的密码。民之所往，党之所向，以"人民为中心"是中国共产党人性质和宗旨的体现，是社会主义的优势所在。为中国人民谋幸福，为中华民族谋复兴，是中国共产党人的初心和使命。习近平总书记在党的十九大报告中把坚持以人民为中心作为新时代坚持和发展中国特色社会主义的重要内容。他强调："人民是历史的创造者，是决定党和国家前途命运的根本力量。必须坚持人民主体地位，坚持立党为公、执政为民，践行全心全意为人民服务的根本宗旨，把党的群众路线贯彻到治国理政全部活动之中，把人民对美好生活的向往作为奋斗目标，依靠人民创造历史伟业。"[①] 这些重要论述

---

① 习近平.决胜全面建成小康社会 夺取新时代中国特色社会主义伟大胜利：在中国共产党第十九次全国人民代表大会上的报告［EB/OL］.中华人民共和国中央人民政府，2017–10–27.

充分彰显了我们党始终坚持以人民为中心的价值追求和执政为民的责任担当,为习近平新时代中国特色社会主义前进提供了价值遵循。

以人民为中心是坚持马克思主义唯物史观的内在要求。唯物史观认为,人民群众是历史的主体,是推动社会发展进步的决定力量。在社会主义制度下,人民是国家和社会的主人,坚持党的领导和坚持以人民为中心具有内在一致性。从实践看,我们党的事业之所以能够解难题办大事,关键是顺应实践要求和人民愿望。坚持以人民为中心推进中国特色社会主义伟大事业,是马克思主义唯物史观的内在要求,是中国特色社会主义的根本特征和动力所在。

以人民为中心是我们党的根本政治立场和价值取向。习近平总书记指出:"始终坚持全心全意为人民服务的根本宗旨,是我们党始终得到人民拥护和爱戴的根本原因。"[①] 党自成立之日起,就把坚持人民利益高于一切鲜明地写在自己的旗帜上,把全心全意为人民服务作为根本宗旨,把实现好、维护好、发展好最广大人民根本利益作为一切工作的出发点和落脚点。2021年2月20日,习近平总书记在党史学习教育动员大会上深刻指出:"历史充分证明,江山就是人民,人民就是江山,人心向背关系党的生死存亡。赢得人民信任,得到人民支持,党就能够克服任何困难,就

---

① 黄庆畅.全心全意为人民服务(红船观澜·将好作风弘扬在新时代(11))[N].人民日报,2021-11-30(18).

能够无往而不胜。"① 我们党之所以能够从小到大、从弱到强，关键就在始终坚持以人民为中心，做到权为民所用、情为民所系、利为民所谋。习近平同志告诫全党，"我们党来自人民、植根人民、服务人民，一旦脱离群众，就会失去生命力"②。坚持群众观点和践行群众路线，就必须始终坚持以人民为中心，始终保持党同人民群众的血肉联系，自觉从人民群众的伟大实践中汲取智慧和力量，自觉接受人民群众的评判和监督，真正为群众办实事、解难事、做好事，把党和人民的事业不断推向前进。

党坚持以人民为中心作为治国理政的价值引领，适时把握社会主要矛盾的变化，对中国发展新的历史方位作出重大判断，提出中国特色社会主义进入新时代。这一宣示，坚定了共产党人的时代使命，明确了旗帜，预示了未来，为新时代新发展指明了方向和目标。方位决定方略，新的历史条件下，要不忘初心，牢记使命，实现中华民族伟大复兴。

以人民为中心统筹推进"五位一体"总体布局、协调推进"四个全面"战略布局。两大布局坚持以人民为中心，对改革发展稳定、内政外交国防、治党、治国、治军各方面进行整体谋划和系统构建，把实现好、维护好、发展好最广大人民根本利益作为出发点和落脚点，既聚焦解决人民群众最关注的热点难点焦点问题，又着力维护和实现人民群众在经济、政治、文化、社会、生

---

① 习近平：在党史学习教育动员大会上的讲话［J］. 求是，2021（7）：4-17.
② 习近平：决胜全面建成小康社会夺取新时代中国特色社会主义伟大胜利：在中国共产党第十九次全国代表大会上的报告［EB/OL］. 新华社，2017-10-27.

态等各方面的权益，不断实现好、维护好、发展好最广大人民的根本利益。

站在新的历史起点上，我们党基于以人民为中心的发展思想和价值取向，遵循尊重人民、依靠人民、为了人民的原则，提出创新、协调、绿色、开放、共享的新发展理念。新发展理念注重协同性和联动性，统筹解决发展的动力问题、发展的平衡问题、人与自然和谐问题、发展的内外联动问题、社会公平正义问题，积极回应人民群众诉求、满足人民群众需求，以尊重人民主体地位和创造精神推动经济社会发展，让中国特色社会主义道路越走越宽广。

历史活动是群众的活动。书写经济快速发展和社会长期稳定的奇迹，离不开人民群众的首创精神；讲好新时代中国的故事，要善于从人民视角出发，用强大的事实和科学的理论，讲清楚中国共产党为中国人民谋幸福、始终保持同人民群众血肉联系的历史与现实，这是提升中国国际话语权的政治基础，也为其提供价值逻辑和方法论指导，为中国话语说服力提供道义力量。

三、以中华现代文明建设增强提升国际话语权的文化自信

文化关乎国本、国运。党的十八大以来，习近平总书记把文化建设摆在全局工作的重要位置，深刻把握新时代历史方位，以坚定的文化自觉、宏阔的历史视野、深远的战略考量，对新时代如何继续推动文化繁荣、建设文化强国、建设中华民族现代文明进行了全方位、深层次思考，提出一系列新思想、新观点、新论

<<< 第六章 提升中国国际话语权的实践之维：夯实国际话语权的坚实基础

断，为新时代开创党和国家事业新局面提供了坚强的思想保证和强大的精神力量。

在文化传承发展座谈会上，习近平总书记提出了"建设中华民族现代文明"这一恢宏的历史命题。"要坚定文化自信、担当使命、奋发有为，共同努力创造属于我们这个时代的新文化，建设中华民族现代文明"①，为我们创造中国特色社会主义文化新辉煌进一步指明了方向。建设中华民族现代文明，是推进中国式现代化的必然要求，是社会主义精神文明建设的重要内容。习近平总书记深刻阐明中华文明与中国式现代化相互融通、彼此成就的逻辑关系，"中国式现代化赋予中华文明以现代力量，中华文明赋予中国式现代化以深厚底蕴"②，为我们在5000多年的深厚的中华文明基础上推进中国式现代化的伟大进程中，建设中华民族现代文明提供了根本遵循。

中国式现代化是赓续古老文明的现代化，是从中华大地长出来的现代化，是文明更新的结果而不是文明断裂的产物，这体现出一种基于文化生命体的全新文明观，阐明了作为一个独立文明的国家、民族如何实现现代化的一般原理。一个独立的社会文明是一个有机的文化生命体。任何一个有机的生命体只能在自身原有的基础上"吐故纳新"、连续性发展，而不可能脱离、抛弃自己原有的"机体"进行一种断裂、突变式的发展。自古以来，我

---

① 新的文化使命：从"第二个结合"看努力建设中华民族现代文明[EB/OL]. 新华社，2023-06-05.
② 习近平. 在文化传承发展座谈会上的讲话[EB/OL]. 求是网，2023-06-02.

们都是一个建立在高度发展的文化、文教和文明的基础之上的独立"文化生命体""文化共同体",一个文化悠久广大、文脉赓续不断,因文聚合而成、以文而立、以文而治的文明国家和民族。可以说,中华民族在很长的历史时期内作为最繁荣最强大的文明体屹立于世。作为一个有着五千多年文明史的文明体,其现代化的实现一定包含着文化、文明的现代化,其伟大复兴一定意味着造就"一个有机统一的新的文化生命体"和文明的复兴。

习近平总书记强调,中华优秀传统文化有很多重要元素,共同塑造出中华文明的突出特性,并从中华文明具有突出的连续性、创新性、统一性、包容性、和平性五方面作出深刻阐释。这些重要论述,彰显了中华文明不同于其他文明的鲜明特色,昭示了中华民族在世界文化激荡中站稳脚跟的突出优势,为在更深层次上理解古代中国、认识现代中国、把握未来中国提供了一把"金钥匙"。习近平总书记指出,我们一直强调把马克思主义基本原理同中国具体实际相结合,现在我们又明确提出"第二个结合"。强调"两个结合"是我们取得成功的最大法宝,"结合"的前提是彼此契合、结果是互相成就,"结合"筑牢了道路根基、打开了创新空间、巩固了文化主体性。这些重要论述,对于不断增强理论自信和文化自信、继续写好中华现代文明建设新篇章,具有十分重要的意义。

文明永续发展,既需要薪火相传、代代守护,更需要顺时应势、推陈出新。当代中国正在经历人类历史上最为宏大而独特的实践创新,给文化创新创造提供了强大动力和广阔空间。中华文化在新时代展现出蓬勃生机、焕发出巨大活力。中华优秀传统文化的风骨神韵、革命文化的刚健激越、社会主义先进文化的繁荣兴盛在新时代伟大实践中融为一体,为全面推进中华民族伟大复兴提供了更为主动、更为强大的精神力量,展示人类文明进步的新形态,夯实了提升国际话语权的文化底气和精神基础。

四、筑牢以实现人民美好生活向往,提升国际话语权的社会根基

"大国之大,也有大国之重。千头万绪的事,说到底是千家万户的事。民之所忧,我必念之;民之所盼,我必行之。"[①] 习近平主席二〇二二年新年贺词,话语铿锵,关怀殷切,饱含了对人民心心念念的拳拳深情。民生是人民幸福之基、社会和谐之本。党的十八大以来,以习近平同志为核心的党中央始终坚守为人民谋幸福、为民族谋复兴的初心使命,坚持以人民为中心的发展思想,统筹推进现代化国家治理,将解民生之忧、谋民生之利放在发展与改革的首位,始终致力于实现人民对美好生活的向往。

社会生活在本质上是实践的,美好生活同样如此。进入新时代,随着人民生活水平的提升,美好生活的向往也在不断发生变化。今天美好生活状态不仅体现为物质文化诉求,也体现为民主、法治、公平、正义、安全、环境等方面诉求。在二〇二四

---

① 国家主席习近平发表二〇二二年新年贺词[EB/OL]. 中国政府网,2021-12-31.

年新年献词中习近平总书记说道:"我们的目标很宏伟,也很朴素,归根到底就是让老百姓过上更好的日子。孩子的抚养教育,年轻人的就业成才,老年人的就医养老,是家事也是国事,大家要共同努力,把这些事办好。现在,社会节奏很快,大家都很忙碌,工作生活压力都很大。我们要营造温暖和谐的社会氛围,拓展包容活跃的创新空间,创造便利舒适的生活条件,让大家心情愉快、人生出彩、梦想成真。"民之所望,施政所向。新时代我国社会主要矛盾已经转化为人民日益增长的美好生活需要和不平衡、不充分的发展之间的矛盾,发展不平衡、不充分的问题仍然突出,发展中的矛盾和问题集中体现在发展质量上。这就要求我们必须把发展质量问题摆在更为突出的位置,着力提升发展质量和效益,通过转变发展方式、优化经济结构、转换增长动力,提高全要素生产率,推动经济发展质量变革、效率变革、动力变革,下大力气解决制约高质量发展的结构性、体制性矛盾和问题。在实践中落实好高质量发展这一首要任务,实现人民对美好生活的向往。要以习近平新时代中国特色社会主义思想为指导,在着力解决好发展不平衡、不充分的问题的基础上,推出更多民生工程、实施更多惠民举措,更好满足人民在经济、政治、文化、社会、生态等方面日益增长的需要。

实现人们对美好生活的向往,归根结底要靠高质量发展。发展是人们美好生活的前提,实现人们对美好生活的向往是发展的目的。以高质量发展推动中国式现代化,满足人民日益增长的美好生活需要是新时期的新征程、新使命。党的二十大报告提出:

<<< 第六章 提升中国国际话语权的实践之维：夯实国际话语权的坚实基础

"高质量发展是全面建设社会主义现代化国家的首要任务。①"并对"加快构建新发展格局，着力推动高质量发展"②作出战略部署。习近平总书记指出："高质量发展，就是能够很好满足人民日益增长的美好生活需要的发展，是体现新发展理念的发展，是创新成为第一动力、协调成为内生特点、绿色成为普遍形态、开放成为必由之路、共享成为根本目的的发展。"③人民幸福安康是推动高质量发展的最终目的。当前，人民对美好生活的向往总体上已经从"有没有"转向"好不好"，对我国经济发展提出了新要求，要解决经济发展有效供给能力不足，产品和服务的供需不对接问题，必须坚持以推动高质量发展为主题，坚定不移贯彻新发展理念，切实转变发展方式，推动质量变革、效率变革、动力变革，不断满足人民日益增长的美好生活需要，实现人民对美好生活的向往。

社会生活在本质上是实践的，美好生活同样如此。实践是马克思主义认识论的首要的观点，实践性是马克思主义理论区别于其他理论的显著特征。美好生活是每个人能够获得自由而全面

---

① 习近平.高举中国特色社会主义伟大旗帜　为全面建设社会主义现代化国家而团结奋斗：在中国共产党第二十次全国代表大会上的报告［EB/OL］.中华人民共和国中央人民政府，2022-10-25.

② 习近平.高举中国特色社会主义伟大旗帜　为全面建设社会主义现代化国家而团结奋斗：在中国共产党第二十次全国代表大会上的报告［EB/OL］.中华人民共和国中央人民政府，2022-10-25.

③ 习近平.高举中国特色社会主义伟大旗帜　为全面建设社会主义现代化国家而团结奋斗：在中国共产党第二十次全国代表大会上的报告［EB/OL］.中华人民共和国中央人民政府，2022-10-25.

发展的生活状态。实现美好生活的实践，既包括改造外部世界的实践，又包括改造内部世界的实践，这两种实践共同构成了美好生活的各种必备条件。改造外部世界的实践就是要创造出必要的经济条件、政治条件、社会条件、文化条件、生态条件等外在因素，改造内部世界的实践就是要创造出人内在的思想修养、道德境界、智慧德性、感受能力等内在因素。新时代美好生活就是要在发展的动态过程中，在中国特色社会主义进入新时代的历史方位中，创造一切内在和外在条件，最终使每个人尽可能处于自由而全面发展的状态，这包括使每个人的才能尽可能得到发挥，每个人的需要尽可能得到满足，每个人的人格尽可能得到完善，每个人的尊严尽可能得到尊重。

在当前，中国特色社会主义新时代为人民美好生活的追求提供了历史上前所未有的有利条件，为作为个体的人通过自身的实践活动创造、实现并感受美好生活提供了可能。党的十八大以来，以习近平同志为核心的党中央坚持以人民为中心的发展思想，在发展中保障和改善民生，不断满足人民对美好生活的新期待，推动我国民生事业取得历史性成就。党的二十大报告将"人民生活更加幸福美好"作为到2035年我国发展总体目标的重要内容，提出"必须坚持在发展中保障和改善民生"，对增进民生福祉、提高人民生活品质作出一系列重要部署，将推动我国民生事业不断取得新进展。在实践中，经济高质量发展为民生改善奠定了坚实物质基础。在经济发展新常态下贯彻新发展理念，实施供给侧结构性改革，推动构建新发展格局，着力推进高质量发展，我国经济实力实现历史性跃升。国内生产总值从2012年的"五十四万亿元"增长到2021年的"一百一十四万亿元"，"经济总量占世界经济的比重达百分之十八点五，提高七点二个百分点，稳居世界第二位；人均国内生产总值从三万九千八百元增加到八万一千元。谷物总产量稳居世界首位，十四亿多人的粮食安全、能源安全得到有效保障。城镇化率提高十一点六个百分点，达到百分之六十四点七。"这些为人民群众实现对美好生活的向往提供了基本保障。在民生建设上，在以人民为中心的发展思想指引下，经济发展成果更多更公平惠及全体人民，民生各领域建设进展显著。党的十八大以来的十年间，全国八百三十二个贫困县全部摘帽，近一亿农村贫困人口实现脱贫，九百六十多万贫困人口实现易地搬迁，历史性地解决了绝对贫困问题。"改造棚户区住房四千二百多万套，改造农村危房二千四百多万户，城乡居民住房条件明显改善。互联网上网人数达十亿三千万人。""居民人均可支配收入从一万六千五百元增加到三万五千一百元。城镇新增就业年均一千三百万人以上。建成世界上规模最大的教育体系、社会保障体系、医疗卫生体系，基本养老保险覆盖十亿四千万人，基本医疗保险参保率稳定在百分之九十五。"人民群众获得感、幸福感、安全感更加充实、更有保障、更可持续，共同富裕取得新成效。[①]

[①] 高举中国特色社会主义伟大旗帜 为全面建设社会主义现代化国家而团结奋斗——在中国共产党第二十次全国代表大会上的报告（2022年10月16日）[N].人民日报，2022-10-26（1）.

十八大以来，经济发展、民生改善的集中体现是全面打赢脱贫攻坚战和全面建成小康社会。在前期不懈努力的基础上，通过多年精准扶贫的努力，我们打赢了人类历史上规模最大的脱贫攻坚战，全国832个贫困县全部摘帽，近1亿农村贫困人口实现脱贫，960多万贫困人口实现易地搬迁。我们历史性地解决了绝对贫困问题，如期全面建成小康社会，我国发展站在新的历史起点上。必须看到，前行路上还有许多困难和挑战，甚至更为艰巨，战胜前行路上的艰难险阻，必须凝聚中国力量，创造共建、共享、共富的美好生活。美好生活要依托于实践，实现于劳动。幸福生活都是奋斗出来的，新时代人民美好生活要靠辛勤劳动、苦干实干来创造。习近平总书记说，人世间的一切幸福都需要靠辛勤的劳动来创造。世界上没有抽象的美好生活，也没有凭空产生的美好生活。美好生活是实实在在的、现实的生活，是从辛勤劳动所创造的，在美好生活实现的过程中，劳动实践是关键。新时期必须坚持党中央集中统一领导，紧紧抓住经济建设这个中心，充分调动人民群众的积极性、主动性、创造性，把高质量发展同满足人民美好生活需要紧密结合起来。满足人民对美好生活的向往，关键要靠发展。坚持创新、协调、绿色、开放、共享发展，推动质量变革、效率变革、动力变革，着力解决发展不平衡、不充分问题，在更高水平上满足人民日益增长的美好生活需要，以中国特色社会主义的社会优势增强坚定"四个自信"的信心和决心，为提升中国国际话语权提供坚实的社会基础和叙事基础。

五、以实现人与自然和谐共生夯实提升国际话语权的生态根基

人与自然的关系是人类社会最基本的关系。自然界是人类生存发展的物质基础。自然是人类之母，人的生存和发展离不开自然。人类应当正确树立人与自然的关系，要尊重自然、顺应自然、保护自然。人类来源于自然界，人的生存离不开自然界，人类可以利用自然、改造自然，但只有尊重自然，才能有效防止在开发利用自然上走弯路。当人类合理利用、友好保护自然时，自然将呈现出美好的生态。当人类无序开发、粗暴掠夺自然时，大自然的惩罚必然是无情的。正如习近平总书记所指出："人类对大自然的伤害最终会伤及人类自身，这是无法抗拒的规律。"[①] 放眼世界，自工业革命以来，数百年的工业化进程造成了触目惊心的生态破坏，人类对自然界的过度开发导致了难以弥补的生态创伤。曾几何时，中国一度受到江河水系、地下水和饮用水污染问题的困扰，秋冬季节常常受到雾霾天气的袭扰，生态环境的恶劣对人民群众生产生活秩序、身体健康带来了严重威胁。

习近平总书记指出："人类经历了原始文明、农业文明、工业文明，生态文明是工业文明发展到一定阶段的产物，是实现人与自然和谐发展的新要求。"[②] 生态环境保护是功在当代、利在千

[①] 习近平：决胜全面建成小康社会夺取新时代中国特色社会主义伟大胜利：在中国共产党第十九次全国代表大会上的报告 [EB/OL]. 新华社，2017-10-27.

[②] 中共中央文献研究室. 习近平关于社会主义生态文明建设论述摘编 [M]. 北京：中央文献出版社，2017：6.

秋的事业。生态环境是人类生存和发展的根基，也是我国持续发展的重要基础。促进人与自然和谐共生，筑牢中华民族永续发展的生态根基，是中国式现代化的本质要求之一。党的十八大以来，中国生态环境状况实现了历史性转折，雾霾天气和黑臭水体越来越少，蓝天白云、绿水青山越来越多。生态环境质量的提升也带来了人均健康状况的大幅改善，10年间，中国人均预期寿命由75.4岁提高到了77.9岁。[1]内蒙古自治区，鄂尔多斯库布齐的沙漠腹地由30多年前的寸草不生、荒无人烟，被喻为"生命禁区""死亡之海"的不毛之地到今天实现了人进沙退的奇迹，成为沙漠绿洲，植被覆盖率达到53%，通过规模化、系统化、产业化治沙绿化，发展沙漠生态光伏、生态旅游和生态农牧业等沙漠生态产业，带动沙区农牧民创业就业，脱贫致富，逐步探索出了一条"产业与扶贫""生态与生意"互促共赢的新路子。中国沙漠奇迹获联合国点赞，2023年8月27日，在第九届库布其国际沙漠论坛上，联合国常务副秘书长阿明娜·穆罕默德在开幕式视频致辞中由衷地感慨："我有幸访问了鄂尔多斯地区这片非凡的土地。我目睹了令人瞩目的社会、经济和生态恢复成就，这为全球坚定抗击土地退化、荒漠化和沙漠扩张的地区树立了鼓舞人心的榜样。"[2]联合国前副秘书长、联合国环境署前执行主任埃里克·索尔海姆，作主旨发言时说"鄂尔多斯的库布齐治沙是世界

---

[1] 郝亮，殷培红，吴树建，等.人与自然和谐共生（美丽中国新境界）[N].人民日报海外版，2022-09-13（8）.

[2] 联合国副秘书长阿明娜邀请亿利分享库布其模式[EB/OL].中国网，2023-09-05.

<<< 第六章 提升中国国际话语权的实践之维：夯实国际话语权的坚实基础

第一案例。你们创造了奇迹，你们激励了世界，我们能从库布其经验中学到很多"，称库布齐沙漠的治理带来了很多发展机会，包括太阳能、水利、生态旅游等，库布其治沙经验值得全世界学习。① 近年来，成都市公园城市建设成绩显著，遍布城乡的公园串联成网，城在园里，园在城中，"出家门即进公园""穿过公园去上班"加快推进，广东湛江红树林的海洋生态文明建设；雄安新区的白洋淀生态环境治理；位于河套平原的内蒙古巴彦淖尔的山水林田湖草沙一体化保护和系统治理，昭显了新时代生态文明建设的成就，述说着奋进新时代、坚持人与自然和谐共生的中国人的中国故事与中国创造。

促进人与自然和谐共生，要牢固树立和践行绿水青山就是金山银山的理念。"绿水青山就是金山银山""要积极探索推广绿水青山转化为金山银山的路径"。② 良好的生态也是生产力。习近平总书记强调，"生态环境保护和经济发展是辩证统一、相辅相成的"③，建设生态文明、推动绿色低碳循环发展，不仅可以满足人民日益增长的美好生活需要，而且可以推动实现更高质量、更有效率、更加公平、更可持续、更为安全的发展，要积极探索推广绿水青山转化为金山银山的路径，加快建立以产业生态化和生态产业化为主体的生态经济体系，走出一条生产发展、生活富裕、

---

① 联合国点赞：鄂尔多斯库布齐治沙为世界第一案例［EB/OL］.内蒙古自治区人民政府门户网站，2023-08-28.

② 习近平.在深入推动长江经济带发展座谈会上的讲话［EB/OL］.中国政府网，2018-04-26.

③ 习近平.努力建设人与自然和谐共生的现代化［J］.求是，2022（11）：4-9.

生态良好的文明发展道路，让绿水青山颜值更高、金山银山成色更足。

促进人与自然和谐共生，制度建设是根本性、全局性和长远性建设。党的十八大以来，我们实行最严格的制度、最严密的法治，推动生态文明制度体系更加成熟、更加定型，生态文明建设的法治保障更加有力。新时代坚持人与自然和谐共生，坚持节约资源和保护环境的基本国策，把良好的生态环境当作最公平的公共产品、最普惠的民生福祉，让良好生态环境成为人民美好生活的增长点、成为经济社会持续健康发展的支撑点、成为展现我国良好形象的发力点，展示出中国特色社会主义的价值优势、制度优势和生态优势。

从国际视野看，建设绿色家园是人类的共同梦想。习近平总书记以深邃的历史眼光和博大的天下情怀，提出构建人类命运共同体理念，倡导建设一个清洁美丽的世界，并提出一系列加强全球生态文明建设和生物多样性保护的重要倡议和主张，加入应对气候变化的《巴黎协定》，积极稳妥推进碳达峰、碳中和，成为推进全球生态文明建设的重要力量。中国以积极主动的姿态和踏实有为的行为作风，为共同构建人与自然生命共同体凝聚强大合力，为全球治理体系变革贡献中国力量，赢得了不少发展中国家和世界其他国家的赞誉和支持，为提升中国国际话语权提供了良好的生态根基、可以预见的未来。中国人民与世界各国人民在构建人类命运共同体的人间正道上携手前行，共同书写人与自然和谐共生的美好画卷。

此外，要以推进国防和军队现代化为提升国际话语权提供坚强后盾。以科技技术创新和使用、网络新媒体和平台使用，拓展提升国际话语权的技术路径。综合起来，提升国际话语权的实践是一项庞大而复杂的系统工程，涉及经济、政治、文化、社会、生态方方面面，要综合施治、协同推进、丰富路径，增强应对复杂国际国内问题联动能力，要持之以恒、笃行不息、久久为功，增强战略定力和历史远见。

第二节 "一带一路"建设提升国际话语权的实践探索

2013年9月和10月，习近平总书记先后提出共建丝绸之路经济带和21世纪海上丝绸之路，即共建"一带一路"倡议，唤起沿线国家和地区的共同记忆，开启国际合作的崭新篇章。从2013年倡议提出到今天，"一带一路"已经成为中国国际话语传播的重要实践载体。"一带一路"外交实践秉持着"绿色""健康""和平"话语理念，致力于造福"一带一路"沿线各国人民。共建"一带一路"倡议创造性地传承和弘扬古丝绸之路人类历史文明成果，赋予其新的时代精神和人文内涵，共建"一带一路"以人类命运共同体为最高目标，并为实现这一目标搭建了实践平台，提供了实践路径。

10年来，在各方共同努力下，共建"一带一路"从中国倡议走向国际实践，从理念转化为行动，从愿景转变为现实，从谋篇布局的"大写意"到精耕细作的"工笔画",成为深受欢迎的国际公共产品和国际合作平台,奏响"硬联通""软联通""心联通"的交响乐,在全球范围内激扬起构建人类命运共同体的强大合力,为世界和平与发展事业注入强劲动力。截至目前,共建"一带一路"合作国家的数量在不断增加,中国与150多个国家、30多个国际组织签署了230多份共建"一带一路"合作文件。这是我们国际合作影响力的扩大过程,也是中国的国际话语权提升过程。比如人民币的国际地位,比如中文的国际吸引力,比如在国际事务上人们对中国立场更多的倚重。

共建"一带一路"以构建人类命运共同体为最高目标,并为其搭建了实践平台、提供了实现路径,是完善全球治理的重要公共产品。习近平总书记提出的构建人类命运共同体理念代表了中国对世界发展的美好愿景,是当代中国对促进世界和平与发展提供的中国方案。这一全球价值观,旨在追求本国利益时兼顾他国合理关切,在谋求本国发展中促进各国共同发展。当今世界是一荣俱荣、一损俱损的命运共同体,构建人类命运共同体是世界各国人民前途所在。在世界百年未有之大变局加速演变的时代背景下,共建"一带一路"是推动构建人类命运共同体的重大实践,正成为造福世界的"发展带"和惠及各国人民的"幸福路"。

首先,打造"绿色丝绸之路"。推进生态环境治理、改善人与自然关系成为目前国际社会的迫切需要。第三届"一带一路"国际合作高峰论坛上,习近平总书记将"促进绿色发展"作为中国支持高质量共建"一带一路"八项行动治理,为中国企业推动"一带一路"绿色发展指明了发展方向。打造"绿色丝绸之路"旨在处理好人与自然的关系，在与沿线国家的经贸往来中要坚决摈弃"牺牲环境保经济"的观念，积极倡导"环保意识""生态文明""绿色发展"等话语理念，传播人类命运共同体的绿色价值。同时，加快绿色国际标准对接，确立规则"定盘星"，并积极展示中国实践成果，为共建"一带一路"绿色发展营造良好舆论环境。一些西方国家试图通过抬高项目标准、停止项目投资等方式，提供所谓的"更清洁选择"，对绿色"一带一路"建设的合作基础造成一定冲击。应将绿色"一带一路"建设同联合国框架下的应对气候变化、生物多样性合作进行对接，以绿色基建、绿色能源、绿色交通项目的实施丰富"两山"理念的海外实践，占据国际舆论主动权，为"一带一路"绿色发展营造良好舆论环境。

其次，打造"健康丝绸之路"。我们要秉持和弘扬"以人为本"的理念，倡导全球医疗合作，推动全球卫生治理体系和治理能力现代化。继续推动构建抗击新冠疫情的"一带一路"国家医疗卫生合作模式，将卫生健康和可持续发展结合起来，为构建人类卫生健康共同体开拓新思路。

再次，打造"和平丝绸之路"。共建"一带一路"跨越不同地域、不同文明、不同发展阶段，超越意识形态分歧和社会制度差异，推动各国共享机遇、共谋发展、共同繁荣，打造政治互信、经济融合、文化包容的利益共同体、责任共同体和命运共同体，成为构建人类命运共同体的生动实践。面对当今世界非传统安全持续上升的新威胁，我们要保持和谐、包容的大国心态，秉承和平与发展的时代主题，旗帜鲜明地反对恐怖主义、极端主义、分裂主义，利用国际话语不断向国际社会传达中国热爱和平的理念和主张。当前，全球公共卫生安全事件要求我们深入探索"一带一路"合作模式，并充分发挥"一带一路"建设的窗口和示范效应，积极开展人类面对公共危机、突发危机背景下的中国国际话语权建设，把我国在全球新冠疫情防控背景下的国际话语传播提高到一个新的水平。

共建"一带一路"塑造了人们对世界的新认知、新想象，推动全球治理体系朝着更加公正合理的方向发展。在"一带一路"的建设中，搭建各种话语平台，通过诠释人类命运共同体理念，表达中国参与全球治理的基本价值理念，为人类共同的前途命运提供了"中国方案"，向世界展示了中国形象和中国担当，同时，"一带一路"开创了国际交往的新理念、新范式。共建"一带一路"，成为深受欢迎的公共产品和国际合作平台，推动构建人类命运共同体在国际上形成共识并落地生根。在"一带一路"的实践推进中，人类命运共同体得以彰显，成为传递中国声音和中国理念的重要窗口，随着越来越多的力量汇入，越来越多共识达成，人类命运共同体理念得以被广泛接纳，必将推动全球治理体系变革，引领人类社会走向更美好的未来。

共建"一带一路"，为构建人类命运共同体提供了实践平台。新时代要传承和弘扬"丝路精神"、深化互联互通、实行高水平对外开放，以凝聚人类共同价值、促进共同繁荣发展、开拓合作共赢新局面，推动"一带一路"倡议向更宽领域、更高层次拓展，

<<< 第六章 提升中国国际话语权的实践之维：夯实国际话语权的坚实基础

共同谱写人类命运共同体新篇章。实践表明，共建"一带一路"实践，不仅给相关国家带来实实在在的利益，也为推进经济全球化健康发展、破解全球发展难题和完善全球治理体系做出积极贡献，有力推动了构建人类命运共同体在国际上形成共识并落地生根，为传播中国声音，提升中国国际话语权提供了重要实践平台。

第三节 积极参与全球治理，助力话语权的提升

党的十九届六中全会把"弘扬和平、发展、公平、正义、民主、自由的全人类共同价值"与"我国积极参与全球治理体系改革和建设"共同写入《中共中央关于党的百年奋斗重大成就和历史经验的决议》。2020年6月，《抗击新冠肺炎疫情的中国行动》白皮书发布，通过翔实的数据梳理了中国战"疫"艰辛历程，毫无保留同各方分享防控和救治经验。2021年1月，《新时代的中国国际发展合作》白皮书发布，介绍新时代中国国际发展合作的理念和实践，阐明中国国际发展合作为推动构建人类命运共同体所做的积极贡献。2021年4月，国务院新闻办发布了《人类减贫的中国实践》白皮书，向世界分享中国提前实现《联合国2030年可持续发展议程》减贫目标并历史性消除绝对贫困的"中国样本"。近年来，中国通过不断传播多边主义和全球治理观念，积极回应人类共同困境问题，为全球治理体系提供经济社会保持长期稳定发展的"中国经验"，正在构建起世界各国命运与利益紧密相连

175

的科学治理新方案。

近年来，习近平总书记提出的全球发展倡议、全球安全倡议和全球文明倡议，代表了北京对各国如何通过促进共同价值观、原则和合作共赢来实现现代化、和平与繁荣的看法。它们共同构成了中国对外国际传播的意识形态支柱，展现了中国价值。

一、"全球发展倡议"与提升国际话语权

2021年9月21日，中国国家主席习近平出席第七十六届联合国大会一般性辩论并发表重要讲话。习近平强调，"发展是实现人民幸福的关键"①。习近平总书记提出全球发展倡议："一是坚持发展优先，二是坚持以人民为中心，三是坚持普惠包容，四是坚持创新驱动，五是坚持人与自然和谐共生，六是坚持行动导向。"② 2022年11月15日，二十国集团领导人第十七次峰会在印度尼西亚巴厘岛举行，习近平出席并发表重要讲话，再次提出全球发展倡议和全球安全倡议。2023年5月18日至19日，陕西省西安市举办的中国—中亚峰会期间，中国同中亚五国达成系列合作共识，中亚国家高度评价并积极践行全球发展倡议、全球安全倡议和全球文明倡议，认为其对实现联合国可持续发展目标、维护世界和平与安全、促进人类文明进步具有重要意义。就在同一年，金砖国家同非洲国家及其他新兴市场和发展中国家对话会期间，中方宣布已成立总额40亿美元的全球发展和南南合作基金，

---

① 习近平.习近平谈治国理政：第四卷[M].北京：外文出版社，2022：468.
② 习近平提出全球发展倡议[EB/OL].中国政府网，2021-09-22.

中国金融机构即将推出100亿美元专项资金，专门用于落实全球发展倡议。全球倡议一经提出就得到联合国和众多国家的响应，联合国贸易和发展会议秘书长蕾韦卡·格林斯潘认为，中国提出的全球发展倡议与提议与民生福祉紧密相关，有助于实现联合国2030可持续发展议程，也为各国指定可续新发展提供了政策和思路。迄今为止，全球发展倡议已得到联合国其他国际与区域组织以及100多个国家支持，实施了100多个早期收获项目，使60多个发展中国家受益。①

在联合国颁布的《发展权利宣言》中，发展权利被定义为一项不可剥夺的权利。《发展权利宣言》特别强调，"各国应合作以促进、鼓励并加强普遍尊重和遵守全体人类的所有人权和基本自由"，"扫除……阻碍发展的障碍"，以"促进发展中国家更迅速的发展"。②发展权受阻是全球人权治理实践面临的巨大挑战。近年来，蔓延全球的新冠疫情从供需两端冲击世界经济，阻碍了全球产业链运行。世界各国尤其是发展中国家陷入发展困境。2022年4月，联合国亚太地区经济社会委员会、亚洲开发银行、联合国开发计划署联合发布报告指出，新冠疫情导致全球发展进程30年来首次出现下降。亚太地区极端贫困人口20年来首次增加，近9000万人可能陷入极端贫困。发展中经济体2020年就业岗位减少了1.09亿至1.66亿个。联合国秘书长古特雷斯在2023年发展融资

---

① "全球发展倡议的提出恰逢其时"（命运与共·全球发展倡议）——访联合国贸易和发展会议秘书长蕾韦卡·格林斯潘[N].人民日报,2022-04-04（3）.
② 周文章.全球发展倡议：中国提供全球人权治理新理念[EB/OL].中国共产党新闻网,2023-05-08.

论坛开幕式上警告，2030年可持续发展议程正在变成一座"理想中的海市蜃楼"。全球发展前景并不乐观，因发展困境引发的人权问题日益凸显，世界向何处去？人类应如何应对？中国提出的全球发展倡议直指国际社会发展权受阻的实践难题，在制度规则层面将发展权置于突出位置，通过制度规则的协调，最大限度地推动发展权的实现。制度规则的协调，既包括各国发展规划、区域发展机制与多边发展平台的有效衔接，也包括经济、社会、环境等多领域发展效益协同并进。作为全球最大的发展中国家，中国注重推动广大发展中国家人民发展权的实现，长期在农业、卫生、教育等领域向亚洲、非洲、拉丁美洲等地区的发展中国家提供帮助。在全球发展倡议框架下，中国与有关发展中国家共建减贫与发展合作中心并推进相关项目落地，代表"全球发展倡议之友小组"在联合国大会高级别特别会议上就粮食安全问题阐述小组成员共同立场，以公开、透明、负责任的态度广泛开展抗疫国际合作，整合升级南南合作援助基金为"全球发展和南南合作基金"，以共同但有区别的责任和各自能力原则加强气候变化《巴黎协定》的实施，提升与发展中国家工业发展计划的深度对接，全方位参与数字经济国际合作，深化互联互通的基础设施合作建设……中国的一系列举措为促进世界发展注入了稳定性和正能量。

中国始终坚持以生存权和发展权为首要的基本人权。"发展权优先"的观点是中国基于本国历史和国情，在人权问题上形成的长期坚持的基本立场，全球发展倡议坚持将人的发展权置于突

<<< 第六章　提升中国国际话语权的实践之维：夯实国际话语权的坚实基础

出位置，坚持推动构建一个更可持续的世界，坚持开放包容凸显中国人权智慧。全球发展倡议将"以人民为中心"作为核心内容，尊重世界各国人民对美好生活的向往。为此，全球发展倡议坚持普惠包容，要求在全球发展中不让任何一国、任何一人掉队，要求在全球治理中保障各国人民在发展过程中享有权利公平、机会公平、规则公平，增强民众的获得感、幸福感、安全感，构建共同创造人类社会财富、共同分享发展成果的人类命运共同体。全球发展倡议以世界人民的价值倡导，向世界展示了中国全球治理的共同发展基础，为其赢得国际影响力和吸引力。

全球发展倡议的提出是中国主动承担国际责任，贡献中国人权智慧的体现。全球发展倡议推动国际社会将发展置于全球宏观政策框架的突出位置，向发展中国家提供更有力、更具针对性的支持，为各国发展和国际发展合作擘画了蓝图。全球发展倡议呼唤人类发展的开放包容和普惠共享，各国应当以合作发展促人权发展。全球发展倡议主张坚持以行动为导向，紧扣发展中国家最迫切的民生需要，在减贫、粮食安全、大流行病应对、发展融资、气候变化以及数字经济等重点领域推进务实合作，贡献中国特色的人权智慧。此外，对于发展困难的国家，各国应当守望相助，对这些国家积极伸出援手，确保在全球发展的过程中没有任何一个成员被落下。

作为目前落实全球发展倡议的一大载体，中国发起的联合国和平与发展信托基金2030年可持续发展议程子基金已经为48个联合国项目提供了6140万美元的资金，惠及来自非洲、亚太地

179

区、拉丁美洲及欧洲的74个国家，其中大部分是最不发达国家、内陆发展中国家和小岛屿发展中国家。[①] 中国大力推动实现全球各国整体发展，积极贡献中国的人权智慧，为构建人类命运共同体，推进全球治理体系变革做出了积极的努力，凝聚起了强大合力，为提升中国国际话语权提供了实践条件。

二、"全球安全倡议"与提升国际话语权

安全问题事关各国人民的福祉，事关世界和平与发展的崇高事业，事关人类的前途命运。安全是人民获得美好生活的重要保障，也是世界实现和平安宁不可或缺的国际公共产品。2022年4月，习近平总书记在参加博鳌亚洲论坛年会时首次提出全球安全倡议，深刻阐释了新时代中国的全球治理安全观。2023年2月21日，在"全球安全倡议：破解安全困境的中国方案"蓝厅论坛上，《全球安全倡议概念文件》发布，阐释了全球安全倡议的核心理念和原则，明确20项重点合作方向、5项合作平台和机制。2月24日，中方发布《关于政治解决乌克兰危机的中国立场》文件，为推动政治解决乌克兰危机指明了方向。《全球安全倡议概念文件》和《关于政治解决乌克兰危机的中国立场》的发布是非常及时且有针对性之举，为有效应对全球和地区热点问题提供了一幅蓝图，也正好呼应了全球安全倡议的题中之义。全球安全倡议的"六个坚持"明确回答了"世界需要坚持什么样的安全理念、各

---

① 周文章.全球发展倡议：中国提供全球人权治理新理念［N］.光明日报，2023-05-08（12）.

<<< 第六章 提升中国国际话语权的实践之维：夯实国际话语权的坚实基础

国怎样实现共同安全"的时代之问，为弥补人类和平赤字贡献了中国智慧，为应对国际和地区安全挑战提供了中国方案。

全球安全倡议的主要内容是，"坚持共同、综合、合作、可持续的安全观""坚持尊重各国主权、领土完整""坚持遵守联合国宪章宗旨和原则""坚持重视各国合理安全关切""坚持通过对话协商以和平方式解决国家间的分歧和争端""坚持统筹维护传统领域和非传统领域安全"，"六个坚持"的倡议有力地驳斥了霸权主义和强权政治基于冷战思维的旧式安全观，对于廓清和祛除世界历史进程中那些被刻意施加并且仍在持续的安全之祸具有重要指导价值和现实意义，对于推动携手构建人类命运共同体具有积极意义，也向世界澄明和展示了中国提升国际话语权奠定了价值前提和目标方向，体现了中国的大国担当与世界情怀。

当前，世界之变、时代之变、历史之变正以前所未有的方式展开，国际社会正经历罕见的多重风险挑战。地区安全热点问题此起彼伏，局部冲突和动荡频发，新冠疫情延宕蔓延，单边主义、保护主义明显上升，各种传统和非传统安全威胁交织叠加。和平赤字、发展赤字、安全赤字、治理赤字加重，世界又一次站在历史的十字路口。全球安全倡议直面"世界怎么了"的时代课题，回应了世界各国共同关心的问题和难题挑战，提出了人类命运共同体的建构理念。在世界进入新的动荡变革期的大背景下，世界各国如何更好统筹发展与安全的问题更加凸显。在安全上，回应世界各国共同关切，中国提出秉持"共同维护世界和平安宁"的理念，为世界未来发展贡献了中国智慧和中国方案，有力彰显

181

新时代安全观的和平性。党的二十大报告指出:"中国的发展是世界和平力量的增长,无论发展到什么程度,中国永远不称霸、永远不搞扩张。"[1] 党的二十届二中全会将"更好统筹发展和安全"这一治国理政的重大原则列为"三个更好统筹"之一,彰显了中国特色社会主义发展的道路自觉和中国特色社会主义外交的大国风范、责任担当。从历史上来看,"亲仁善邻、协和万邦是中华文明一贯的处世之道"[2],"和"是渗透进中华民族骨子里的文化基因,追求和平一直是中华文明的重要基因和孜孜以求的价值追求。无论是为人处世还是治国理政,在涉及争端和矛盾时,数千年的中华文明发展史均表现出以"先礼后兵""后发制人"为鲜明特征的防御性。与西方文明不同,注重和平性、防御性已经成为中华文明高度发达、高度成熟、高度良善的重要标志,也是中华民族现代文明的重要精神标识。

全球安全倡议彰显了中国的世界和平观,表明中国将继续以自身发展的"和平之锚""稳定之锚"成为推动全球治理转型的重要力量,在世界发展充斥风险和挑战的不确定因素下,中国以和平发展的立场和态度,为世界发展注入强大的确定性因素,不仅有利于推动人类命运共同体的理念传播和实践建构,更有利于获得更多国际认同和国际支持,助力增强中国国际影响力,提升

---

[1] 习近平. 高举中国特色社会主义伟大旗帜 为全面建设社会主义现代化国家而团结奋斗:在中国共产党第二十次全国代表大会上的报告[EB/OL]. 中国政府网,2022-10-25.

[2] 深化文明交流互鉴 共建亚洲命运共同体:在亚洲文明对话大会开幕式上的主旨演讲[EB/OL]. 中国政府网,2019-05-15.

中国国际话语权。

三、"全球文明倡议"与提升国际话语权

2023年3月15日，习近平总书记在出席中国共产党与世界政党高层对话会时提出了全球文明倡议，强调尊重世界文明多样性和构建人类命运共同体的重要性。全球文明倡议弘扬了平等、互鉴、对话、包容的文明观，以四个"共同倡导"为核心理念，即共同倡导尊重世界文明多样性，坚持文明平等、互鉴、对话、包容，以文明交流超越文明隔阂、文明互鉴超越文明冲突、文明包容超越文明优越；共同倡导弘扬全人类共同价值，和平、发展、公平、正义、民主、自由是各国人民的共同追求，要以宽广胸怀理解不同文明对价值内涵的认识，不将自己的价值观和模式强加于人，不搞意识形态对抗；共同倡导重视文明传承和创新，充分挖掘各国历史文化的时代价值，推动各国优秀传统文化在现代化进程中实现创造性转化、创新性发展；共同倡导加强国际人文交流合作，探讨构建全球文明对话合作网络，丰富交流内容，拓展合作渠道，促进各国人民相知相亲，共同推动人类文明发展进步。四个"共同倡导"既各有侧重，又相互支撑，形成逻辑清晰的有机统一体，揭示了文明交流和发展的基本规律，指明了人类社会新的合作前景。

"全球文明倡议"是中国继"全球发展倡议""全球安全倡议"之后提出的又一国际公共产品，进一步丰富了"世界怎么了，我们怎么办"这一世纪之问的中国答案，彰显了中国作为负责任大

国的全球视野和使命担当。全球文明倡议具有丰富的理论内涵，尊重文明多样性是文明需要交流互鉴的前提基础。每一种文明都扎根于自己的生存土壤，凝聚着一个国家、一个民族的非凡智慧和精神追求，都有自己存在的价值。人类文明多样性是世界的基本特征，也是人类进步的源泉。文明虽有差异，但不是"唯我独尊"，而是多样、平等、共存，这为文明互鉴提供了客观可能。弘扬全人类共同价值是文明能够实现交流互鉴的理念指引，只有为全世界普遍认同的价值理念，才能为国际社会实现最广泛的团结提供了可信的价值纽带。全人类共同价值凝聚了不同文明的价值共识，切实反映着回应各国人民的普遍期待和共同诉求，形成各国普遍认同的价值理念的最大公约数，因而为文明互鉴提供了价值基础。文明传承和创新是文明互鉴的内容源泉，文明凝聚过去、连通未来，是国家和民族发展的精神命脉。

当今世界，多重挑战和危机交织叠加，各种文化思潮激流涌荡，人类社会面临前所未有的挑战。随着地缘政治冲突日益加剧，"文明冲突论""文明优越论"沉渣泛起，加剧了不同文明之间的隔阂，严重阻碍了国际社会的交流与合作。全球文明倡议积极回应国际社会对文明交流互鉴的普遍诉求，推动并引领文明包容共存的前进方向。全球文明倡议坚持平等、互鉴、对话、包容的文明观，倡导弘扬全人类共同价值，强调文明因交流而多彩、文明因互鉴而丰富，以团结化解分裂、以合作回答对抗、以包容代替排他，打破了西方中心论主导的文化霸权话语体系，展现了不同于西方现代化的新图景，拓展了人类文明发展进步的广阔空间，为解决人类面临的共同问题提供了中国方案，对推动世界和平发展具有重要作用。世界因有不同的文明而丰富多彩，同样因有不同的文明也容易产生隔阂。要理解不同文明之间的差异，欣赏它们形成的多彩之美，这需要既坚持自身文明传统，又对其他文明持开放包容的态度。只有加强国际人文交流合作、开展不同文明对话，才能消除文化隔阂，才能共同推动世界和平发展、人类文明发展进步。全球文明倡议坚持文明交流互鉴，凝聚精神共识，强化认同纽带，增进理解信任，进一步丰富了人类命运共同体的理论内涵，为推动人类社会发展进程夯实了文化根基，为推动构建人类命运共同体开辟了新的文化路径。

  安全与发展是关涉国家前途命运的永恒主题，文明交流互鉴是打破壁垒的有效工具。安全是发展、文明互鉴的前提，发展是安全与文明互鉴的条件；文明是发展与安全植根的沃土，发展与安全又是文明演进前行的途径。全球发展倡议、全球安全倡议、全球文明倡议，彼此联系、相互影响，形成一个有机统一的整体，共同体现了中国特色大国外交全方位、多层次、宽领域、立体化的外交布局，共同构成了构建人类命运共同体的三大柱石，揭示了中国国际话语权提升的实践路径，成为中国国际话语权提升的成功案例。

参考文献

一、专著

［1］中共中央马克思恩格斯列宁斯大林著作编译局．马克思恩格斯文集：第2卷［M］．北京：人民出版社，2009．

［1］中共中央马克思恩格斯列宁斯大林著作编译局．马克思恩格斯文集：第3卷［M］．北京：人民出版社，2009．

［1］中共中央马克思恩格斯列宁斯大林著作编译局．马克思恩格斯文集：第5卷［M］．北京：人民出版社，2009．

［2］习近平．习近平谈治国理政：第一卷［M］．北京：外文出版社，2014．

［3］习近平．习近平谈治国理政：第二卷［M］．北京：外文出版社，2017．

［4］习近平．习近平谈治国理政：第三卷［M］．北京：外文出版社，2020．

［5］习近平．习近平谈治国理政：第四卷［M］．北京：外文出版社，2023．

［6］习近平：在哲学社会科学工作座谈会上的讲话［M］．北京：人民出版社，2016．

［7］习近平：高举中国特色社会主义伟大旗帜　为全面建设社会主义现代化国家而团结奋斗：在中国共产党第二十次全国代表大会上的报告［M］.北京：人民出版社，2022.

［8］中共中央关于党的百年奋斗重大成就和历史经验的决议［M］.北京：人民出版社，2021.

［9］中共中央文献研究室.习近平关于社会主义文化建设论述摘编［M］.北京：中央文献出版社，2017.

［10］肖贵清，等.中国特色社会主义制度基本问题研究［M］.北京：人民出版社，2013.

［11］张寅德.叙述学研究［M］.北京：中国社会科学出版社，1989.

［12］夏建平：认同与国际合作［M］.北京：世界知识出版社，2006

［13］"一带一路"国际智库合作委员会."一带一路"发展学：全球共同发展的理论和实践探索［M］.北京：新华出版社，2023.

［14］孙吉胜.国际政治语言学：理论与实践［M］.北京：世界知识出版社，2017.

［15］赵壮道.中国特色社会主义制度的文化基因［M］.北京：中国社会科学出版社，2017.

［16］陈建兵，等.制度的力量［M］.北京：中国社会科学出版社，2019.

［17］孟建，于嵩昕.国家形象：历史、建构与比较［M］.

南京：江苏人民出版社，2019.

[18] 王永进.话语理论与实践[M].上海：上海交通大学出版社，2018.

[19] 刘永涛.话语政治：符号权力和美国对外政策[M].上海：复旦大学出版社，2014.

[20] 秦亚青.当代西方国际思潮[M].北京：世界知识出版社，2012.

[21] 奈.软实力[M].马娟娟，译.北京：中信出版社，2013.

[22] 福柯.话语的秩序[M]//许宝强，袁伟.语言与翻译的政治.北京：中央编译出版社，2001.

[23] 霍尔.超越文化[M].居延安，等译.上海：上海文化出版社，1988.

[24] 豪格，阿布拉姆斯.社会认同过程[M].高明华，译.北京：中国人民大学出版社，2011.

[25] 福柯.知识考古学[M].董树宝，译.北京：生活·读书·新知三联书店，2021.

[26] 汤普森.意识形态与现代文化[M].高铦，文娟，高戈，等译.南京：译林出版社，2005.

[27] GUMPERZ J J. Discourse Strategies [M]. London: Cambridge University Press, 1982.

[28] DIJK V, ADRIANUS T, KINTSCH W. Strategies of Discourse Comprehension [M]. New York: Academic Press, 1983.

二、期刊

［1］肖贵清.习近平新时代中国特色社会主义思想的新概括：《中共中央关于党的百年奋斗重大成就和历史经验的决议》研读［J］.马克思主义理论学科研究，2022，8（1）.

［2］顾海良."第二个结合"：马克思主义中国化时代化的理论精粹和学理挈要［J］.学术界，2023（12）.

［3］唐爱军.中国式现代化道路的意义叙事［J］.北京大学学报（哲学社会科学版），2022，59（2）.

［4］王伟光.持续推进马克思主义哲学与中华优秀传统哲学相结合　不断实现马克思主义哲学中国化时代化［J］.马克思主义哲学，2023（5）.

［5］辛向阳.习近平新时代中国特色社会主义思想大众化叙事的多维视角［J］.北京社会科学，2021（6）.

［6］孙正聿.制度优势的理论根基［J］.马克思主义理论学科研究，2021，7（01）.

［7］顾钰民.论坚定中国特色社会主义制度自信［J］.思想理论教育，2013（23）.

［8］秦宣.构建人类美好制度的"中国方案"［J］.思想理论教育导刊，2016（9）.

［9］吴宏政.21世纪马克思主义世界历史观的叙事主题［J］.中国社会科学，2021（5）.

［10］赵春丽.全过程人民民主与提升中国民主国际话语权［J］.马克思主义研究，2022（5）.

[11] 张雷声. 深刻理解"两个结合"的重大意义 [J]. 红旗文稿, 2023 (8).

[12] 林建华. 中国特色社会主义制度的显著优势 [J]. 红旗文稿, 2022 (7).

[13] 俞祖华. 中国道路的"两大叙事": 现代化话语与民族复兴话语比较论 [J]. 东岳论丛, 2022, 43 (9).

[14] 李冉. 深刻理解和把握"两个结合" [J]. 红旗文稿, 2023 (14).

[15] 贾绘泽. 中国化时代化马克思主义叙事话语的形成、来源与逻辑 [J]. 高校马克思主义理论教育研究, 2023 (1).

[16] 汪海鹰. 世界百年未有之大变局背景下中国国际话语权的提升路径 [J]. 世界社会主义研究, 2022, 7 (12).

[17] 张弛. "一带一路"倡议下中国国际合作话语权的提升 [J]. 河海大学学报 (哲学社会科学版), 2024, 26 (1).

[18] 赵贺, 鞠惠冰. 话语空间与叙事建构: 论突发事件国际舆论场域中的中国话语权 [J]. 现代传播 (中国传媒大学学报), 2020, 42 (12).

[19] 陈汝东. 新时代我国话语空间拓展的挑战与对策 [J]. 人民论坛, 2022 (29).

[20] 沈正赋. 新时代中国话语与中国叙事体系的国际化建构 [J]. 学术界, 2023 (2).

[21] 孙利军, 高金萍. 国际传播中的污名化现象研究: 兼论讲好中国共产党故事的话语策略 [J]. 当代传播, 2021 (6).

［22］王翠梅.西方对中国的"污名化"及其应对：框架理论的视角［J］.外交评论（外交学院学报），2022，39（1）.

［23］岳圣淞.政治修辞、安全化与美国对华政策的调整［J］.世界经济与政治，2021（7）.

［24］薛钧君.跳出"陷阱话语"的陷阱：对几种"陷阱"及其话语体系的反思［J］.思想教育研究，2019（12）.

［25］傅修延.人类是"叙事人"吗？：何谓叙事、叙事何为与叙事学向何处去［J］.北京师范大学学报（社会科学版），2023（1）.

［26］岳圣淞.场域视角下的国际话语权：理论、现实与中国实践［J］.当代亚太，2020（4）.

三、报纸

［1］王晔，鞠鹏.习近平在文化传承发展座谈会上强调：担负起新的文化使命 努力建设中华民族现代文明［N］.人民日报，2023-06-03（1）.

［2］习近平.在纪念孔子诞辰2565周年国际学术研讨会暨国际儒学联合会第五届会员大会开幕会上的讲话［N］.人民日报，2014-09-25（2）.

［3］中华人民共和国国务院新闻办公室.携手构建人类命运共同体：中国的倡议与行动［N］.人民日报，2023-09-27（7）.

［4］中华人民共和国国务院新闻办公室.共建"一带一路"：构建人类命运共同体的重大实践［N］.人民日报，2023-10-11

（11）.

［5］杨子强.中国特色的关键就在于"两个结合"（深入学习贯彻习近平新时代中国特色社会主义思想）[N].人民日报,2023-10-26（13）.

［6］李庆云.光明论坛展现可信可爱可敬的中国形象[N].光明日报,2023-04-12（2）.

［7］何毅亭.二十一世纪是中国话语权复兴的世纪[N].学习时报,2017-05-29（A1）.

［8］贾秀东."一带一路"最大特点是包容（望海楼）[N].人民日报（海外版）,2015-03-30（1）.

［9］左凤荣.全球治理中的国际话语权[N].学习时报,2019-11-22（A2）.

［10］龙钰.推进中国话语的国际传播[N].光明日报,2017-12-25（11）.

四、其他文献

［1］何娟.中国特色对外话语体系的构建研究[D].贵阳：贵州师范大学,2022.

［2］吴贤军.中国和平发展背景下的国际话语权构建研究[D].福州：福建师范大学,2015.

［3］李丹岑.美国对华话语策略与主导叙事建构[D].北京：外交学院,2023.

［4］张林.马克思主义中国化学科话语体系研究[D].长春：

东北师范大学，2022.

[5]王霞.新时代中国特色社会主义话语体系建设研究[D].长春：东北师范大学，2020.

[6]马倩.合作型外交话语的话语空间建构研究[D].北京：北京外国语大学，2021.

[7]付金辉.新时代中国特色政党外交话语创新研究[D].长春：吉林大学，2022.

[8]张艳艳.中国式现代化道路话语体系建构研究[D].兰州：兰州大学，2022.

[9]高策.新时代提升中国特色社会主义国际话语权研究[D].大连：大连海事大学，2023.